자유롭기를 추구하고 있는 저의
자아로부터 자유롭기를 저는 바라나이다.

사랑 안에서 길을 잃어라

2005년 2월 5일 초판 1쇄 발행. 2018년 3월 26일 초판 6쇄 발행. 메블라나 젤랄룻딘 루미가 쓰고, 이현주가 풀어 엮었습니다. 이홍용과 박정은이 기획 편집하여 펴냈으며, 디자인 비따에서 표지 디자인을, 장정희가 본문 디자인을 하였습니다. 인쇄는 대정인쇄, 제본은 책다움에서 하였습니다. 출판사 등록일 및 등록번호는 2003. 2. 11. 제25100-2017-000092호이고, 주소는 03421 서울시 은평구 은평로3길 34-2, 전화는 (02) 3143-6360, 팩스는 (02) 6455-6367, 이메일은 shantibooks@naver.com입니다. 이 책의 ISBN은 89-91075-17-7 03800이고, 정가는 13,000원입니다.

이 도서의 국립중앙도서관 출판시도서목록(CIP)은 e-CIP홈페이지(http://www.nl.go.kr/ecip)와 국가자료공동목록시스템(http://www.nl.go.kr/kolisnet)에서 이용하실 수 있습니다.(CIP제어번호: CIP2011001234)

이현주의 루미 잠언 읽기

사랑 안에서 길을 잃어라

루미 짓고 이현주 풀어 엮음

【산티】

이 책을 읽는 분께 드리는 말씀
바로 그대 한 사람을 위해서!

그대 한 사람을 위하여 13세기, 동양과 서양의 중간 어디쯤 되는 곳에서 메블라나 젤랄룻딘 루미Mevlana Jelaluddin Rumi는 떠오르는 생각들을 읊었고, 그의 제자이자 친구인 후사멧딘 첼레비Husameddin Chelebi는 그것들을 받아 적었고, 이름을 알 수 없는 사람들은 그것을 책으로 만들어 오랜 세월 전해주고 전해 받았고, 20세기 막바지에 이르러 카밀레Camille와 카비르 헬민스키Kabir Helmminski는 전체 여섯 권으로 된 책 가운데 1권과 2권을 발췌해서 영어로 옮겼고, 그것을 샴발라 출판사는 책으로 펴냈고, 이름 모를 어떤 사람은 그것을 한국에 들여왔고, 21세기 신새벽에 이현주는 그것을 읽었고, 샨티 출판사 이평화는 한국말로 옮겨 책으로 만들자는 생각을 냈고, 이현주는 한국말로 옮기면서 제 느낌을 적어 붙였고, 그 뒤로 컴퓨터 치는 사람, 디자인하는 사람, 인쇄하는 사람, 제본하는 사람, 종이 만드는 사람, 자동차 운전하는 사람, 그들을 낳아준 사람, 길러준 사람, 가르친 사람, 그들을 좋아하는 사람, 싫어하는 사람, 그들에게 먹을 것을 만들어준 사람……
수많은…… 수많은 사람이 저마다 자기 일을 감당하여 마침
내 이 물건을 만들었습니다. 바로 그대 한 사람을 위해서!

  부디 이 진실을 기억하시고, 임자 없는 이 책의 임자가 되어
주시기를……

2005년 1월
충주 엄정 뒷방에서 관옥 이현주

일러두기

1. 이 책은 루미가 남긴 아포리즘 가운데 일부를 Camille & Kabir Helmminski 가 영어로 발췌 번역한 Rumi의 *Mathnawi* I, II권(책 제목은 *RUMI Daylight- A Daybook of Spiritual Guidance*, Shambhala, Boston, 1999)을 참조하여 한글로 옮기고 거기에 옮긴이의 소감을 첨부하여 만든 것입니다.
2. 책 뒤에 루미의 생애와 그가 남긴 유산에 대한 글을 실어 독자의 이해를 돕고자 하였습니다.
3. 'God'은 이슬람 한국본부의 번역을 따라 '하나님'으로 옮겼습니다.
4. 단수형으로 설명 없이 '예언자'라고 표기된 것은 무함마드를 가리킵니다.
5. Rumi는 자주 하나님을 '사랑받는 분the Beloved'으로 표기합니다. 당연히 '사랑하는 자the lover'는 인간이지요. 이는 우리의 상식적 표현법에 반대되는 듯한 감이 있어서 특별히 일러둡니다.

차례

이 책을 읽는 분께 드리는 말씀 4
일러두기 6

사랑받는 이가 모든 것이요 13 / 자기 제어를 할 수 있도록 14
수행하지 않는 자는 저 혼자서 15 / 왕의 밥상에서 16
사랑은 하나님의 신비를 17 / 벗이여, 수피는 이 순간의 아들이다 18
굳은살에 박힌 가시는 19 / 네 가슴이 네 비밀을 묻어두는 20
가슴을 고마움으로 설레게 하는 21 / 공작새의 깃털이 그의 적이다 22
세계는 산이요 23 / 죽은 자의 사랑은 계속되지 않는다 24
고생과 부당한 대접은 25 / 영의 길은 육을 부순다 26
분노와 탐욕은 사람을 사팔뜨기로 27 / 예언자의 한 말씀을 들어라 28
우리 발 밑에 수천 개의 함정이 29 / 물질계에 더 많이 깨어 있을수록 30
길에서 이보다 더 통과하기 어려운 게 31 / 흙의 신실함은 32
그분이 몸소 네 눈의 빛으로 되실 때 33 / 언제까지 너는 말하려는가? 34
등잔 열 개를 한 자리에 35 / 전쟁 마당에 목검을 가지고 36
거룩한 사람들과 어울려 함께 있으면 37 / 거룩한 이들의 사랑을 38
네 중심과 조화를 이루는 어떤 이와 39 / 하나님은 모든 영혼들 위에 40
네 자아가 모든 우상들의 어미 우상이다 41 / 때로 우리를 돕고자 42

물레방아처럼 울어라 43 / 아픔을 느낄 때에는 44

진흙과 물이 예수의 숨결을 먹으면 45

"일하는 자는 하나님의 사랑을 받는 자"라는 46 / 우리 눈길은 너무나도 47

세계는 감옥이고 우리는 갇힌 자들이다 48 / 배 안에 있는 물은 49

네 신앙에 새 기운을 불어넣되 50 / 눈에서 빛나는 빛은 51

행복이 불행으로 말미암아 52 / 유형은 무형에서 왔다가 53

같은 말을 하는 사람들은 54 / 우리에게는 만물의 이름이 55

비록 운명이 수백 번 56 / 네가 만일 남을 빠뜨리려고 구덩이를 판다면 57

네가 남들한테서 보는 많은 허물들이 58

자기 자신을 다스리는 사자에 견줄 때 59 / "두려워 말라"는 말은 60

오, 아들아 61 / 존경하는 자기 존경받고 62 / 지성의 탐구가 비록 63

우리가 하나님께 갚아드려야 할 빚은 64

순간 순간이 하나님의 메시지로 가득 차 있다 65

지성인은 자기 통제를 갈망하고 66 / 말을 하려면 먼저 들어야 한다 67

맛만 보았는데도 68 / 맛은 씨앗이요 생각은 그 열매다 69

갑자기 입에서 튀어나온 말 한 마디는 70 / 오, 혓바닥이여 71

광희狂喜가 홍수 져서 급히 흐를 때 둑을 막아라 72

하나님 안에 빨려들어 간 자는 73 / 연인들의 생명은 죽음 속에 있다 74

의로움의 빛이신 당신이여 75 / 웃음이나 눈물에 점령된 가슴으로 76

우리는 꿀벌이요 77 / 사람들의 영혼이 무엇을 갈망하든지 78

세상의 아첨과 위선은 달콤한 빵조각이다 79

할 수 있으면 군주가 되지 말고 노예가 되어라 80 / 봄 날씨라 한들 81

내가 신성한 호흡의 등불을 밝힐 때 82 / 등 안에 있는 초에서 83

영은 남성과 여성을 초월해 있다 84

무함마드의 후계자가 네 앞에 앉아 계신다 85 / 하나님에 대한 망각이 86

영계와 그리로 들어가는 문이 87

모든 울부짖음과 들리는 소리의 근원인 그 목소리 88

환상을 보는 자들이 없다면 89 / 하나님이 내게 생명을 주셨다 90

오, 하나님. 당신께 도움을 청하고 있는 91 / 아는 것이 많지만 92

부자가 돈을 내어놓는 것은 93 / '내일'의 약속에 기대어 94

각다귀에서 코끼리까지 모든 동물을 보라 95 / 달콤하게 사는 자는 96

바라건대 그런 일이 없기를 97 / 하루나 이틀 가난해 보아라 98

듣는 귀가 목마르고 굶주려 있으면 99

아름답고 귀엽고 사랑스럽게 만들어진 모든 것이 100

여자들의 사랑은 남자들을 매혹하게 되어 있다 101

여자는 하나님의 빛줄기다 102 / 네 생각은 낙타를 모는 자와 같고 103

예언자나 성인으로 하여금 104 / 성자가 독을 마시면 105

사랑이 만일 마음으로만 하는 것이라면 106

하나님께서 이렇게 말씀하셨다고, 예언자가 이르셨다 107

네 속을 감추지 말고 드러내어라 108 / 아름다움이 거울을 찾듯이 109

스승이 어떤 지식을 가졌다고 세상에 알려졌든 110

알아야 할 모든 지식들 가운데 111

비록 네가 당대의 가장 뛰어난 학자라 해도 112

아들아, 우주의 모든 것이 113 / 너는 성나고 굶주린 똥개다 114

난처한 일을 당해 어렵거든 115 / 생각을 굶어라 116

금식은 의약의 제1원리다 117 / 안내자가 없으면 118

한 번 문지를 때마다 그렇게 119 / 누구든지 안에서 말썽부리는 120

하나님의 통일성을 배워 안다는 것은 무엇인가? 121 / 전쟁터에서 122

그분의 얼굴 말고는 123 / 예언자들과 성인들에게는 저마다 124

오, 하나님, 말이나 문자에 담겨지지 않는 125 / 사람 마음이 좁은 까닭은 126

재난의 때를 대비하여 127 / 그분의 빛 앞에서 네 중심을 128

마음이 맑게 비어 있는 사람은 129 / 빈손으로 친구 집에 가는 것은 130

빛을 보는 감각을 얻으려거든 131

모든 반대는 그것의 반대가 있어서 입증된다 132

영광의 주인님을 향해 날아오르지 않는 자들이 133 / 오염된 물로 134

하나님은 명성을, 천 근 쇳덩이처럼 135 / 너의 세상 애인이 136

기운을 내어라 137 / 오, 형제여 138 / 나는, 모든 간이역에서 139

독선적인 사람이 죄인을 보면 140 / 많은 사람이 경건한 행위를 하면서 141

하나님에 중독된 자들만 빼면 142 / "책 궤짝을 등에 진 나귀 같다"고 143

자아의 겉모양을 닦아내고 144 / 네 중심의 거울에 145

거울 같은 가슴을 지닌 사람들은 146 / 모두들 죽음을 겁낸다 147

사람 몸은, 어머니처럼 148 / 예언자가 이르셨다 149

네 두 눈이 마음의 통제를 받고 150 / 결혼하고 싶은 상대가 있으면 151

비존재로 되는 것이 무서워 152 / 격심한 욕망은 153

비록 세계가 십팔만 사천 개를 넘는다 해도 154 / 분노는 왕들의 왕이다 155

밤이 낮의 일을 지워버리면 156 / 그분께만 고칠 힘이 있으시니 157

해설 1 루미의 생애 / Coleman Barks 158

해설 2 루미의 유산 / Kabir Helminski 163

해설 3 루미와 《마드나위》 / Kabir Helminski 167

사랑받는 이가 모든 것이요
사랑하는 자는 한낱 베일일 따름.
사랑받는 이는 살아 계시고
사랑하는 자는 죽은 물건이다.
사랑이 당신의 돌보심을 거두신다면
사랑하는 자는 떨어지고 말겠지
날개 없는 새처럼.
사랑받는 이의 빛이 없으면
내 어찌 깨어나서 사물을 보겠는가?
사랑이 이 말씀을 빚어내신다.
네 가슴 거울이 흐릿하다면
표면에 묻은 때가 씻기지 않은 것이다.

❦

사랑받는 이the Beloved는 하나님(당신)이요, 사랑하는 자the lover는 인간(나)이다. 저쪽은 피동태 주인(主)이요, 이쪽은 능동태 나그네(客)다.

사랑받는 이가 사랑으로 (먼저) 돌봐주시지 않으면 사랑하는 자는 날개 없는 새처럼 떨어지고 말 것이다.

거울이 흐릿한 것은 거울 탓이 아니다. 표면에 묻은 때만 씻어내면, 누구의 가슴에서도 거울은 맑다.

자기 제어를 할 수 있도록
하나님께 도움을 청하여라.
자기 제어가 부족한 자는
그분의 은혜가 부족한 것이다.

✒︎

내 힘만으로 나를 다스리려 하니까 힘은 힘대로 들면서 죽도 밥도 되지 않는다. 숨 한 번 쉬는 것조차 혼자서는 할 수 없도록 되어 있는, 만고불변의 이치 때문이다.

"너희는 가지요 나는 나무다. 너희가 나를 떠나서는, 다시 말해서 내 도움을 받지 않고서는 아무것도 할 수 없다." (예수)

내가 나를 제대로 다스리지 못하는 것은 자제력이 모자라서가 아니라 가지인 내게 나무 되시는 하나님의 도움이 닿지 않아서다.

그분의 도움이 닿지 않는 것은 청하지 않아서다. 청해라, 하늘에는 문門이 없다.

수행하지 않는 자는 저 혼자서
잘못을 저지르지 않는다.
그는 온 세계에 불을 지른다.
수행은, 하늘을 빛으로 채울 수 있다.
천사들을 흠 없고 성스럽게 할 수 있다.

✒

 수행修行은, 사람이 하는 다른 모든 일과 마찬가지로, 혼자서는 할 수 없는 것이다. 사람이 '혼자'가 아닌 까닭에 그렇다. 따라서 그 결실도 혼자만의 것이 아니다.
 수행이란, 생각과 말과 행동을 깨끗하게 닦아 나아가는 일이다.
 더럽게 생각하고 더럽게 말하고 더럽게 행동하는 자는 저만 불구덩이에 빠뜨리는 게 아니라 온 세상을 불구덩이에 빠뜨린다. 그와 세계가 한 몸인 까닭에 그렇다.
 반대로 깨끗하게 생각하고 깨끗하게 말하고 깨끗하게 행동하는 자는 하늘을 빛나게 하고 천사들을 성스럽게 한다. 그와 하늘과 천사들이 하나인 까닭에 그렇다.

왕의 밥상에서
의심을 하거나
게걸스럽게 먹어대는 것은
배은망덕이다.

☙

 신하가 왕의 밥상에 앉아 있음은 은혜를 입은 것이다. 그러나 은혜를 잘못 받아들이면, 그 자체로서 배은背恩이요 망덕忘德이다.

 세상은 우리에게 베풀어진 하나님의 밥상이요, 날마다 겪는 크고 작은 경험들은 그 위에 차려진 음식이다. 의심하여 물리다가 영양실조로 되는 것도 배은이요, 마구 삼켜 배탈이 나는 것도 망덕이다.

 모든 경험을 꼭꼭 씹어 공손히 삼키면, 은혜 아닌 것이 없다.

사랑은 하나님의 신비를 관측하는
아스트롤라베.
하늘에서 내리는 것이든
땅에서 오르는 것이든
사랑은 하나님을 가리킨다.

※

아스트롤라베astrolabe는 고대인들이 천체를 관측할 때 쓰던 기구다.

사랑하는 사람의 목표는, 그가 사랑하는 대상이 땅에 있든 하늘에 있든, 오직 하나, 하나님의 신비를 아는 것이다.

햇살을 타고 끝까지 올라가면 해에 닿듯이, 사랑을 타고 끝까지 가면 (사랑이신) 하나님께 닿는다.

해에 닿으면 닿는 즉시 녹아서 해로 되듯이, 하나님께 닿으면 닿는 즉시 녹아서 하나님으로 된다.

벗이여, 수피는 이 순간의 아들이다.
'내일'을 말하는 것은
우리의 길이 아니다.

✌

수피sufi는 허망에서 진실로 거처를 옮긴 사람 또는 옮겨가는 사람이다. '오늘 여기' 말고는 그 어떤 때와 곳도 실재하지 않는다. 그런 것들은 사람의 두뇌 속에 기억과 기대의 형태로 있는 척할 따름이다. 어제도 내일도 허망이요 오늘만이 진실이다. 거기도 저기도 없는 곳이요 여기만이 있는 곳이다.

어미는 자식을 낳지만 자식은 어미를 낳지 못하듯, 오늘은 어제를 품지만 어제는 오늘을 품지 못한다. 개울은 강으로 흐르지만 강물은 개울로 흐르지 못하듯, 오늘은 내일을 관통하지만 내일은 오늘을 관통하지 못한다.

굳은살에 박힌 가시는 찾아내기 어렵다.
가슴에 박힌 가시는 어떤가?
사람마다 제 가슴에 박힌 가시를 본다면
언제 슬픔이 그를 지배하랴?

❦

'가슴heart'은 느낌의 거처다. 가슴이 예민해서 작은 슬픔(기쁨)도 놓치지 않고 느낄 수 있는 사람은 자기 슬픔(기쁨)에 지배당하지 않는다. 사람이 제 감정에 부림을 당하는 것은 가슴이 발바닥 굳은살만큼이나 무뎌져 있기 때문이다.

"중생은 희·로·애·락에 끌려서 마음을 쓰므로 이로 인하여 자신이나 남이나 해를 많이 보고, 보살은 희·로·애·락에 초월하여 마음을 쓰므로 이로 인하여 자신이나 남이나 해를 보지 아니하며, 부처는 희·로·애·락을 노복같이 부려 쓰므로 이로 인하여 자신이나 남이나 이익을 많이 보나니라."
《원불교전서》대종경, 8, 8)

네 가슴이 네 비밀을 묻어두는
무덤으로 될 때,
네 바라는 바가 더욱 빨리 이루어지리라.
누구든지 자기의 가장 깊은 생각을
비밀로 지키는 자는
그가 바라는 것을 곧 얻게 된다고
예언자께서 말씀하셨다.
씨앗이 땅 속에 묻힐 때
그 내면의 비밀들이
무성한 정원으로 바뀐다.

✿

 씨앗 하나에는 싹을 틔우고 자라나고 가지를 뻗고 꽃을 피우고 마침내 무수한 열매를 맺으려는 꿈이, 희망이 담겨 있나.
 그런데 그 꿈을 이루려면 그것을 가슴에 비밀로 간직한 채 무덤 같은 땅 속으로 들어가야 한다.
 그대 꿈이 이루어지지 않은 것은 그대가 먼저 그것을 우주의 품에 묻어두지 않았기 때문이다.

가슴을 고마움으로 설레게 하는
참된 약속들이 있고
불안으로 채워진 거짓 약속들이 있다.
고상한 약속은 은화銀貨처럼 깨끗하고
천박한 약속은 번민을 안겨준다.

  ❦

 누가 무슨 약속의 말을 하거든 그 말을 귀로 듣지 말고 가슴으로 들을 일이다. 그대 가슴이 고요하고 평안하면 그 약속을 믿고 받아들여도 좋다. 그러나 그대 가슴이 불안하고 속으로 번민이 일면, 그 약속에 아무리 달콤한 꿀이 발라져 있더라도 단호하게 거절해야 한다. 틀림없는 거짓 약속이요 천박한 약속이다.
 약수터에는 약수가 솟아나고 시궁창에는 시궁이 괴는 법.
 갓 뽑아낸 은화처럼 삶이 깨끗한 사람이라야 고귀한 약속의 주인공으로 될 수 있다.

공작새의 깃털이 그의 적敵이다.
많은 왕들이
제 위엄威嚴한테 살해당했다.

   ↵

　공작새에 아름다운 깃털이 있음은 공작새 잘못이 아니다.
　다만, 그것으로 자기를 뽐내며 남을 업신여기고 무시한 까닭에 엉뚱한 변을 당하는 것이다.
　나를 미워하거나 싫어하는 사람을 부르는 것은 내 단점들이 아니라 장점들이다. 내가 무엇을 자기보다 못한다는 이유로 나를 업신여기는 사람은 있겠지만, 나를 없애고 싶을 만큼 미워하는 사람은 없을 것이다.
　장점은 감추고 단점은 드러낸다! 현자들의 처세술.

세계는 산이요
우리의 모든 행동은
메아리로 돌아오는 외침이다.

❦

  산에는 골짜기가 있어서 메아리를 울린다. 내가 "사―" 하면 메아리도 "사―" 하고 내가 "―랑" 하면 메아리도 "―랑" 한다. 내가 "미―" 하면 메아리도 "미―" 하고 내가 "―워" 하면 메아리도 "―워" 한다.
  산은 제 소리를 따로 만들어내지 않는다. 들리는 소리를 그대로 되돌려줄 따름이다.
  내게 일어나는 크고 작은 사건들은 모두 내가 만든 것들이다. 이 비밀을 알기에 군자는 위로 하늘을 원망하지 않고 아래로 남을 탓하지 않는다.

죽은 자의 사랑은 계속되지 않는다.
죽은 자는 돌아오지 않을 것이기 때문이다.
그러나 살아 있는 자의 사랑은
안으로 보나 밖으로 보나
모든 순간에 새싹보다 신선하다.
영원하시고, 생명력을 돋우는
포도주를 너에게 부어주시는
살아 계신 이의 사랑을 선택하여라.
"우리는 어전御前에 들지 못한다"고 말하지 말아라.
관대함과 교섭하는 일은 어렵지 않다.

༺

 사랑하는 이와 사랑받는 이가 없는 사랑은 세상에 없다.
 2천 년쯤 전에 살았던 예수의 사랑이 지금도 새싹보다 신선하게 피어나는 이유는 그가 '죽은 자'가 아니라 '살아 있는 자'이기 때문이다. 한순간이라도 참으로 사랑한 자는 죽지 않는다. 사랑은 살아 있는 자로 하여금 죽지 않게 하고 죽은 자도 살려내기 때문이다. 그러나, 그 사랑을 선택하는 일은 우리 몫이다.
 선택 자체를 꺼리거나 겁낼 이유는 없다. 선택의 대상이 사랑의 다른 얼굴인 '관대함'인 이상.

고생과 부당한 대접은
은에서 쇠똥을 걸러내는 용광로다.
시련의 불꽃이 찌꺼기를 녹여
금을 정제한다.

✌

 깨끗하게 제련된 금을 다시 용광로에 넣는 사람은 없다. 금이나 은의 성분이 섞여 있지 않은 돌멩이를 용광로에 넣는 사람도 없다.

 어려운 일을 겪거나 부당하게 거친 대접을 받는 사람은 자기 자신에 대하여 자만심 아닌 자긍심을 지닐 만하다. 참사람으로 거듭날 소질이 없다면 그런 일을 겪을 까닭이 없기 때문이다.

영靈의 길은 육肉을 부순다.
그런 다음, 건강하게 다시 회복시킨다.
그것은 묻혀 있는 보물을 꺼내고자 집을 부순다.
그러고는 그 보물로 더 좋은 집을 짓는다.

✒︎

지금 이 순간에도 숱한 늙은이가 병든 몸으로 죽어간다. 동시에 많은 갓난아이가 건강한 몸으로 태어난다. 모두가 영靈의 길 위에서 일어나는 동일 사건이다.

나는 그 동안 얼마나 많은 갓난아이로 태어났는가? 그리고 얼마나 많은 늙은이로 죽었는가?

몸은 영이 머무는 집이다. 이 집은 보통 터 위에 세워진 집이 아니다. 무궁무진한 보물이 이 집 주춧돌 아래에 묻혀 있다. 그것을 캐어내고자 집을 허물고, 그렇게 캐어낸 보물로 더 좋은 집을 짓는다. 그것이 제대로 된 인생이다.

분노와 탐욕은 사람을 사팔뜨기로 만든다.
그것들은 영靈을 덮어
진리로부터 벗어나게 만든다.
이기심이 나타날 때 덕德은 숨는다.
백 가지 베일이
가슴과 눈 사이에 드리워진다.

❧

　아무 일도 없는데 괜히 화를 내는 사람은 없다. 화를 내거나 욕심을 부리면 사물이나 상황을 있는 그대로 볼 수가 없다.
　그렇지만 내 눈을 가려서 사물이나 상황을 제대로 보지 못하게 하는 것은 나를 화나게 한 상황이나 욕심 내게 만든 사물이 아니라, 내 속에서 나오는 분노와 탐욕이다.
　이기심을 그대로 두고서 남에게 덕을 베풀 수는 없는 일이다. 저만 생각하는 마음, 그 마음 하나로부터 수백 가지 다른 마음들이 생겨나서 가슴과 눈 사이를 가로막아, 눈에 보이는 사물과 상황을 제대로 보지 못하게 한다.

예언자의 한 말씀을 들어라.
"그분의 현존 없이는 어떤 기도도 완전하지 못하다."

✌︎

"그분의 현존 없이는"(without Presence)이란 말은 "기도하는 자와 함께 하나님이 계시지 않으면"이라는 뜻이다.

그럴 수 있는 걸까? 자기와 함께 계시지도 않는 하나님한테 기도할 수 있는 건가? 있다. 있으니까, 그렇게 하는 기도는 완전하지 못하다고 말하는 것이다.

기도를 제대로 하려면 무슨 말로 기도할까를 궁리하기 전에 먼저 그분의 현존을 느껴야 한다.

그런 다음 기도가 절로 나오는데, 또는 나오지 않는데, 그것이 참된 기도다.

우리 발 밑에 수천 개의 함정이 있다 해도
당신께서 우리와 함께 계시면
어려울 게 없나이다.

❧

"예수께서는…… 제자들에게 '유다로 돌아가자' 하고 말씀하셨다. 제자들이 '선생님, 얼마 전만 해도 유다인들이 선생님을 돌로 치려고 하였는데 그곳으로 다시 가시겠습니까?' 하고 걱정하자, 예수께서는 '낮은 열두 시간이나 되지 않느냐? 낮에 걸어다니는 사람은 세상의 빛을 보기 때문에 걸려 넘어지지 않는다. 그러나 밤에 걸어다니면 빛이 없기 때문에 걸려 넘어질 것이다' 하시며, 이어서 '우리 친구 라자로가 잠들어 있으니 이제 내가 가서 깨워야겠다' 하고 말씀하셨다."(〈요한〉 11, 5~11)

제자들은 위험이 유다 지방에 있다고 생각했다. 그러나 예수는 '유다 지방'이 아니라 '밤에 걷는 사람'한테 위험이 있다고 한다.

위험은 상황이 아니라 사람한테 있는 것.

물질계에 더 많이 깨어 있을수록
영계靈界에 더 많이 잠들어 있다.
우리 영혼이 하나님에게 잠들어 있을 때
다른 깨어 있음이 거룩한 은총의 문을 닫아버린다.

❧

물질계는 눈에 보인다. 그러나 물질계를 있게 한 영계는 보이지 않는다. 세상은 만져진다. 그러나 세상을 있게 한 하나님은 만져지지 않는다.

이쪽에 밝으면 저쪽에 어둡다. 하나님한테 깨어 있으면서 이욕利欲에 밝을 수는 없는 일이다.

어느 쪽에 밝은 사람이 될 것이냐? 그것은 저마다 본인의 선택이다.

"세상 사람들은 빛나고 빛나는데 나 홀로 어둡고, 세상 사람들은 똑똑하고 똑똑한데 나 홀로 어리숙하여 아득하기가 바다 같구나!"(《노자》 20장)

길에서 이보다 더 통과하기 어려운 게 없거늘,
질투를 동반자로 데리고 가지 않는 사람은
운이 좋은 사람이다.

⁓

 나를 길에서 벗어나게 하거나 걸려 넘어지게 하는 것은 내가 질투하는 동료가 아니라 동료를 질투하는 나다. 그런 줄 잘 알면서도 질투심에 사로잡히는 것은 심보가 고약해서가 아니라 아무개와 내가 서로 상관없는 개체個體라는 근본 착각에서 헤어나지 못해서다.
 질투를 동반자로 데리고 가는 사람은 누구를 봐도 닥치는 대로 질투한다. 그러니 상처입지 않는 날이 없다. 질투를 동반자로 삼지 않은 나그네야말로 운이 좋은 사람이라 하지 않을 수 없다.

흙의 신실信實함은 참으로 미덥다.
무엇을 심든지 심은 대로 거둔다.
그러나 봄철이 하나님 손길을 이끌어오기까지
흙은 그 비밀을 드러내지 않는다.

✌︎

흙이 믿음직스러운 까닭은, 제 속에 심어진 씨앗을 상대로 아무런 작의作意를 품지 않기 때문이다. 흙은 그냥 흙으로 그렇게 있을 뿐이다. 그의 존재 자체가 씨앗에게는 뿌리를 내리고 싹을 틔우고 자라나서 꽃을 피우고 열매를 맺는 데 필요한 모든 것이다. 그러나 흙에게는, 씨앗한테 필요한 모든 것으로 되겠다는 뜻이 조금도 없다.

흙은 마음이 없다. 마음이 없는데 무슨 비밀이 있을 것이며, 하물며 그 비밀을 어디에 감추어둘 것인가?

그분이 몸소 네 눈의 빛으로 되실 때
지금 우리가 살고 있는 이 세계와
비슷한 세계들이 수백 개는 보일 것이다.
그것들 가운데 하나가
바닥도 없고 가장자리도 없을 만큼
광대하게 보인다 해도
기억하여라, 전능하신 분께는 그것이
원자 한 알보다도 작은 것임을.

❦

 내가 지금 광대무변한 우주의 티끌보다 작은 별 하나의 솜털 같은 공간에서 숨 한 번 들이쉬고 내쉬는 순간을 살고 있는 것이라는 사실이 중요한 것은 아니다. 그것이 그러함을 알고 기억하는 것이 중요하다. 오늘 하루 어떻게 살 것인가를 고민한다면.

언제까지 너는 말하려는가?
"내가 온 세상을 정복하고
그것을 나 자신으로 채우리라"라고.
흰눈이 온 세상을 덮어도
태양은 눈길 한 번으로 그것을 녹일 수 있다.
하나님의 자비로운 불꽃 하나가
독毒을 샘물로 바꿀 수 있다.

✌

일등능제천년암一燈能除千年暗이라, 등 하나가 천 년 동안 쌓인 어둠을 한순간에 (광속의 빠르기로) 없앤다고 했다.

사람이 아무리 사특하고 악독해도 하나님의 자비를 이길 수는 없다. 마찬가지로 사람이 아무리 영리하고 선량해도 하나님의 어리석음을 이기지는 못한다. 사람과 하나님의 관계는 그런 것이다.

그러니 큰 일이든 작은 일이든, 사람은 장담을 하는 게 아니다. 그럴 만한 자격도 없거니와 능력도 없다.

등잔 열 개를 한 자리에 모아놓으면
그 모양은 서로 다르지만, 그러나
빛에 눈길을 모으면
어느 빛이 어느 빛인지 분간할 수 없다.
영靈의 장場에는 나뉨이 없다.
개체는 존재하지 않는다.
만물의 벗인 그분과
그분의 벗들의 하나됨은 달콤하다.
영을 잡아라.
이 고집불통인 자기self의 붕괴를 도와라.
그것이 무너진 자리 아래에
보물처럼 묻혀 있는 통일unity을 보게 될 것이다.

✌

거죽으로 나갈수록 서로 달라지고, 중심으로 들어갈수록 서로 같아진다.

인생이란, 중심에서 나왔다가 다시 중심으로 돌아가는 여정이다. 너와 내가 서로 다른 줄을 알았거든 이제는 너와 내가 서로 같은 줄을 알 차례다. 얼마나 많은 사람들이 앞부분만 알고서 그것이 다인 줄 착각하고 그 착각에 묻힌 채 종신終身하고 마는가?

전쟁 마당에 목검木劍을 가지고 들어가지 말아라.
가서 진검眞劍을 찾아, 기꺼이 행군하여라.
진정한 칼은 성자의 방패다.
그와 함께 있는 시간은
생명의 잔盞만큼 값진 것.
모든 현자의 말이 같다.
하나님을 아는 현자는, 당신의 피조물에게 베푸시는
하나님의 자비다.

━━━

목검도 칼이다. 그러나 진짜 칼은 아니다. 우리가 현실이라고 알고 있는 이것도 현실이다. 그러나 진짜 현실은 아니다. 내가 나라고 알고 있는 이것도 나다. 그러나 진짜 나는 아니다.

전장戰場에 들어가 목검을 버리고 진검을 잡은 사람이 성자다. 진검으로 성자는 누구를 무찌르는 대신 자기를 지킨다. 그래서 창이 아니라 방패다.

그와 함께 있음은 생명으로 가득 찬 잔을 들고 있는 것만큼 값진 일이다. 그와 함께 있기는 어려운 일이 아니다. 하나님이 당신 피조물에게 베푸시는 자비는 어떤 특별한 사람에게만 허용되는 한정품이 아니기 때문이다. 하늘에는 울타리가 없다.

거룩한 사람들과 어울려 함께 있으면
너도 그들 가운데 하나가 된다.
네 비록 바윗돌이나 대리석이라 해도
가슴의 사람을 만나면
보석으로 바뀔 것이다.

❧

 거룩한 사람들은 거룩한 눈을 가진 사람들이다. 거룩한 눈은 거룩한 것만 본다. 말을 바꾸면, 그 눈으로 보는 것 가운데 거룩하지 않은 게 없다. 그러니 거룩한 사람들과 함께 있으면 그로써 거룩한 사람이다. 거룩한 사람이 따로 있는 게 아니다.

 가슴의 사람은 가슴으로 보고 가슴으로 말하고 가슴으로 살아간다. 가슴은 개념이 아니라 사랑이 거하는 곳. 가슴으로 사는 사람은 사랑으로 보고 사랑으로 말하고 사랑으로 움직인다. 사랑으로 보면 모든 것이 소중하고 아름다운 보석이다.

거룩한 이들의 사랑을 네 영靈에 심어라.
가슴이 기쁨인 이들의 사랑 말고는
그 무엇에도 네 가슴을 내어주지 말아라.
절망을 이웃으로 삼지 말아라.
거기에 희망이 있다.
어둠 쪽으로 들어가지 말아라.
거기에 해들이 있다.

✌

 선택에 신중할 일이다. 내 중심 깊은 곳에 무엇을 심을 것인가? 내 소중한 가슴을 누구에게 내어줄 것인가?
 가슴에 기쁨만 있는 사람들, 모든 일에 감사하고 모든 일에 기뻐하고 모든 일에서 하나님과 교제하는 사람들, 그런 사람들에게 내 가슴을 맡기면 그들의 사랑이 내 영혼 깊은 곳에 뿌리를 내린다. 그 다음에는, 그냥 가만히 있으면 된다.
 절망은 상황에 있지 않고 사람한테 있다. 절망스런 상황이 따로 있는 게 아니다. 어떤 상황을 절망으로 보면 절망이고 희망으로 보면 희망이다. 절망으로 이웃을 삼는 것은 나다. 누가 강제로 나를 절망케 하는 것이 아니다. 내가 스스로 어둠을 만들어 그리로 들어가지 않으면 거기에 밝은 해들suns이 있다.

네 중심과 조화를 이루는 어떤 이와
대화를 하는 가운데
네 중심을 먹여 길러라.
진보한 사람한테서 영靈의 진보를 구하여라.

෴

내 중심에 누가 있나? 참 나가 있다. 누구는 그를 가리켜 여래如來라 하고, 누구는 예수라 하고, 그냥 한울(天)이라고 한 사람도 있다.

내 중심에 한울이 있는 게 아니라 내 중심이 곧 한울이다. 그래서 인내천人乃天이다. 사람 곧 한울이라고 가르친 스승은 그 한울님을 잘 모시라(侍天) 하셨고, 스승의 제자는 그 한울님을 잘 기르라(養天) 하셨고, 제자의 제자는 그 한울님을 네 몸으로 삼으라(體天) 하셨다.

내 중심이 기뻐하는 이와 어울려 대화를 나누면 그 '말'을 받아먹고 내 중심이 자란다.

하나님은 모든 영혼들 위에
당신의 빛을 흩뿌리신다.
옷자락을 펼쳐 그것을 받는 자들은
행복한 자들이다.
그 행운아들은 하나님 말고
다른 아무것도 바라보지 않는다.
사랑의 옷자락이 없으면
우리는 우리 몫을 잃는다.

❧

 '사랑의 옷자락skirt of love'은 '사랑으로 펼치는 옷자락'으로 읽을 수도 있고 '사랑을 담는 옷자락'으로 읽을 수도 있겠다.

 그것도 실은 하나님이 우리에게 주신 것이다. 다만, 그것을 펼쳐 위에서 내리는 선물을 받느냐 받지 않느냐는 우리에게 달려 있다.

 행운아lucky one는 하늘이 내는 게 아니라 제가 스스로 되는 것이다.

네 자아가 모든 우상들의 어미 우상이다.
돌이나 나무로 만든 우상은
뱀에 지나지 않거니와
보이지 않는 내면의 우상은 용龍이다.
우상 하나를 부수기는 쉬운 일이다.
그러나 자아를 진압하는 게
쉽다고 생각하면, 그건 오해다.

❦

 우상 제조와 우상 파괴의 연속이 종교사다. 당대의 우상 파괴자가 추종자들에 의하여 은근슬쩍 우상으로 바뀌면 다른 우상 파괴자가 등장하여 한때 우상 파괴자였던 우상을 무너뜨린다.
 이와 같은 종교의 쳇바퀴에서 인간이 아직 벗어나지 못한 까닭은, 부숴야 할 우상을 자아自我 밖에서 찾았기 때문이다. 간혹, 자아가 어미 우상임을 알고 그 우상을 깨뜨린 사람을 붓다(깨달은 사람)라고 부르거니와, 그는 그렇게 해서 종교의 틀을 벗어난 사람이다.
 자아를 자아로 진압하기는 어려운 일이 아니라 불가능한 일이다. 자아를 진압한 자아는 어쩔 것인가?

때로 우리를 돕고자, 그분은
우리를 비참하게 만든다.
그러나 그분을 위해 아픈 가슴은
행복을 가져다준다.
눈물 뒤에 웃음이 올 것이다.
이를 내다보는 자마다
하나님의 복된 종이다.
물이 흐르는 곳이면 어디든지
생명이 피어난다.
눈물이 떨어지는 곳이면 어디든지
신神의 자비가 드러난다.

❧

   거두어들이고자 하면 반드시 펼쳐주고 빼앗고자 하면 반드시 내어준다(將欲歙之 必固張之, 將欲奪之 必固與之)고 했다.(《노자》36장) 거두어들이는 것과 펼쳐주는 것이 둘이 아니요, 이것 없으면 저것도 없음을 잘 알기 때문이다.

   중국에 고정苦丁이라는 이름의 차(茶)가 있다. 첫맛은 쓴데 마시고 나서 입맛을 다시면 달착지근하다.

   한번 지독하게 쓴맛을 보면 다음에는 모든 맛이 달콤하다.

   북극점에 서면 눈길 닿는 데마다 남쪽이다.

물레방아처럼 울어라.
네 영혼의 뜰에 푸른 약초가 돋아나리니.
누가 너를 위해 울어주기를 바란다면
지금 울고 있는 자에게 자비를 베풀어라.
누가 너에게 자비 베풀기를 바란다면
약한 자에게 자비를 보여주어라.

✒︎

 "물레방아처럼 울어라. 네 영혼의 뜰에 푸른 약초가 돋아나리니."
 세상에 우연은 없다. 지금 영혼의 뜰에 푸른 약초가 자라는 사람은 물레방아처럼 울었던 사람 또는 울고 있는 사람이다.

 네가 남에게 하는 일은 너 자신에게 하는 일이요, 따라서 하나님께 하는 일이며, 하나님이 너에게 하시는 일이다. 그러기에, 빈틈이 없다. 네가 그런 줄 알든 모르든 상관없이 그렇다. 그러니 알아서 해라. 네가 남에게 하는 짓은 남에게 하는 짓이 아니다.

아픔을 느낄 때에는 하나님께 용서를 빌어라.
그 아픔에도 쓸모가 있다.
그분이 기뻐하실 때, 아픔은 기쁨이 되고
사슬 자체가 자유로 된다.
네가 밝은 눈을 뜨면
자비의 물과 분노의 불이
한 분 하나님께로부터 오는 것임을 보게 되리라.

ಲ

아플 때에는 아픔을 보지 말고 아픔 속에 계시는 하나님을 보아라.

"그분이 기뻐하실 때"라는 말은 "그분이 '네 안에서' 기뻐하실 때"라는 말이다. 그럴 때에는 모든 것이 기쁨으로 되고 자유로 된다. 그분이 기쁨이요 자유인 까닭에 그렇다.

눈만 밝으면, 삶에 감사하듯이 죽음 또한 감사하게 된다. 순교자 스데파노처럼, 이차돈처럼.

눈만 밝으면, 일일시호일日日是好日. 날마다 안 좋은 날이 없다.

진흙과 물이 예수의 숨결을 먹으면
날개를 펼치고 새가 되어 날아간다.
너의 하나님 찬양은
물과 진흙으로 된 네 몸의 숨결이다.
네 중심의 성실함을 그 속에 불어넣어
하여금, 낙원의 새가 되게 하여라.

✦

우리는 물과 진흙으로 된 몸을 가지고 날마다 숨을 쉰다. 한 번 들이쉬고 한 번 내쉬는 숨결이 그대로 조물주 하나님에 대한 찬양이다.

숨 한 번 들이쉬고 내쉬면서 중심의 성실함을 그 안에 불어넣으면, 숨결은 그대로 낙원의 새가 되어 하나님을 찬양한다.

예수는, 오로지 하나님 뜻으로만 살고 죽은 '인간 성실'의 대명사다.

눈길 한 번, 말 한 마디, 발걸음 하나에 인생의 모든 것이 담겨 있다. 함부로 말해도 좋은 그런 말은 세상에 없는 것이다.

"일하는 자는 하나님의 사랑을 받는 자"라는
말에 귀를 기울여라.
하나님을 믿는다면서
수단 방법을 무시하는 자가 되지 말아라.

❦

사람이 태어나서 살아간다는 것은 무슨 일이든 일을 한다는 것이다. 그러나 사람은 저 혼자서 아무 일도 못한다.

하나님이 사람 몸에 당신 숨을 불어넣으시고 거두시고 다시 불어넣으시고 다시 거두시고, 그러는 것이 사람에게는 호흡인데, 그렇게 순간마다 하나님이 도와주시지 않으면 도둑은 성인의 물건을 훔치지 못하고 성인은 도둑을 용서하지 못한다.

사람은 숨이 붙어 있는 한, 무슨 일이든 일을 안 할 수 없다. 그러므로 무슨 일을 할 것이냐보다는 그 일을 어떻게 하느냐가 더 중요한 문제다. 동기가 훌륭하니 수단 방법에 얽매이지 말라는 말은, 태초 이래로 악마의 속삭임이었다.

우리 눈길은 너무나도 제한되어 있다.
버려두어라!
우리 시력을
친구이신 분의 눈에 녹아들게 하자.
우리 시력과 그분 시력의 교환—
이 무슨 엄청난 거래인가!

❦

우리는 저 사람 앞얼굴을 보면서 동시에 뒤통수를 보지 못한다. 그것이 우리 눈이다.

그런데 친구이신 분the Friend이 놀라운 흥정을 제안한다.

한 가지 사물을 그것의 앞 · 뒤 · 아래 · 위 · 안 · 밖, 그리고 양쪽 옆에서 한꺼번에 보는 당신 시력과 우리 시력sight을 교환하자는 것이다.

"나로 하여금 네 눈으로 보게 하여라."

영적 안과 수술이 값도 없이 이루어지는 곳. 거기가 바로 종교라는 이름의 동네다. 그 동네로 가려면 먼저 우리의 형편없는 시력을 그나마 버려야 하는데 그게 쉬운 일이 아니라는 데 문제가 있다.

세계는 감옥이고 우리는 갇힌 자들이다.
감옥 바닥에 굴을 파고
너 자신을 탈옥시켜라!

극장에 들어가보면 안다. 출구out는 안in에 있다.

세계라는 감옥에서 벗어나는 길은 사방 막혀 있는 담을 뛰어넘거나 무너뜨리는 데 있지 않고, 바닥을 뚫어 아래로 내려가는 데 있다.

감옥 자체를 서 있게 하는 바탕의 중심. 거기에 해방이 있고 자유가 있다.

배 안에 있는 물은 배를 가라앉히지만
배 밑에 있는 물은 배를 띄운다.
솔로몬은 부자가 되려는 마음을
가슴에서 버렸기에
언제나 자신을 '가난한 자'라고 불렀다.
마개를 막은 항아리는
그 속이 비어 있으므로
거친 물결 위에도 떠 있다.
누구든지 중심에 가난의 바람이 불면
이 세상 거친 물결에 평안히 떠 있을 것이다.

　

가난과 부富를 결정짓는 것은 재물의 많고 적음이 아니다. 지금 부족한 게 있는 사람, 더 가져야 할 것이 있는 사람은 은행장이라 해도 가난한 사람이요, 지금 부족한 게 없는 사람, 더 가져야 할 것이 없는 사람은 걸인이라 해도 부자다.

가난한 사람이 행복한 이유는, 가진 재물이 없어서가 아니라 더 가져야 할 재물이 없을 만큼 넉넉해서다. 솔로몬이 버린 것은 가지고 있던 재물이 아니라 많은 재물을 더 많이 가지려는 마음이었다.

네 신앙에 새 기운을 불어넣되
말로 하지 말아라.
말은 그렇게 하면서
네가 은밀히 북돋워준 것은 네 욕망이다.
네 욕망이 새 기운을 차리는 한
신앙은 아직 아니다.
네 욕망들이 신앙의 문을 잠갔기 때문이다.

⁓

신앙이란 신앙의 대상에 '나'를 통째로 내어주는 것. "내가 나를 당신에게 맡기겠습니다" 하고 말하는 동안 새 기운을 차리는 것은 신앙이 아니라 신앙하겠다는 본인의 욕망이다.

하나님을 믿어야겠다는 마음으로 하여금 믿음의 문을 잠그지 못하게 하여라. 믿음은 믿으려는 욕망의 소산이 아니다. 믿으려 하지 않아도 절로 믿어지는 것이 참 믿음이다.

"내게 있는 모든 것을 아낌없이 바치네."

이 노래를 진심으로 부르는 자는 아직 헌신의 문에 들어서지 않았다. 헌신의 문에 들어선 자는 그런 노래를 부르지 않는다. 내게 있는 것이 없고 무엇을 가진 나 또한 없거늘, 누가 무엇을 누구에게 '아낌없이' 바친단 말인가?

눈에서 빛나는 빛은
실로 가슴의 빛이다.
가슴을 가득 채우고 있는 빛은
하나님의 빛이다. 그 빛은 순수하여
지성과 감성의
빛과는 다른 빛이다.

※

 눈을 통해 들어오는 빛에는 아직 앎도 없고 느낌도 없다. 그래서 순수하다. 그 빛이 망막에 형상을 새기고 그것이 시신경을 통해 뇌를 자극하면, 뇌는 이미 알고 있는 자료를 동원해 "나무가 보인다" 또는 "바다가 보인다"고 알아차린다. 지성의 빛이 작용한 것이다. 그런 다음 감성의 빛이 작용하여 "아름답다" 또는 "시원하다"고 느낀다.

 저것은 무엇이다—라고 이름을 짓는 데서 착각이 비롯되고 느낌을 느끼면서 고통이 싹튼다. 그래서 인간의 삶이다.

 감성의 빛을 잠재우고 지성의 빛을 거두면 모든 판단과 견해에서 해방된 하나님의 빛으로 세상을 본다. 그래서 해탈의 길이다. 중생의 번뇌와 해탈의 길, 모두가 빛의 작용이다.

행복이 불행으로 말미암아
자신을 드러내도록
하나님은 아픔과 슬픔을 만드셨다.
감추어진 것은 그것에 반대되는 것으로
인하여 드러난다.
하나님은 반대되는 것이 없다.
그래서 드러나지 않는다.

༒

 한 번도 아파 보지 않은 사람은 건강한 게 어떤 것인지를 모른다. 건강하게 살면서 건강한 게 어떤 것인지를 모르는 사람은 보석을 지니고 있으면서 그게 보석인지를 모르는 사람과 같다. 보석을 지녔지만 그게 보석인지를 모르는 사람은 보석을 지니지 않은 사람과 다를 바 없다.

 아담 할아버지가 선악과를 따먹고 에덴에서 추방된 것은 얼마나 고마운 일인가? 덕분에 우리는 낙원을 그리워하다가 마침내 낙원으로 돌아가, 낙원에서 살 수 있게 되었다.

 하나님이 당신의 부분들로는 세상에 끊임없이 모습을 드러내시면서 옹근 전체 모습을 드러내시지 않는 까닭은, 그분에게 대對가 될 만한 무엇이 없어서다.

유형有形은 무형無形에서 왔다가
그리로 돌아간다. 그래서 우리는
"그분께로 돌아가고 있는 것이다."
순간마다 우리는 죽어가고
그리고 돌아가는 중이다.
이 세상은 한순간이라고, 예언자가 말했다.
우리의 생각이란, 그분께로부터
공중으로 쏘아 올려진 화살이다.
그것이 어찌 허공에 머물러 있겠는가?
하나님께로 돌아오지 않을 수 없다.

ᛊ

세상에 오기 전에는 내게 형체가 없었다. 세상을 떠나는 날 내 형체도 사라질 것이다.

나는 지금 살아 있다. 달리 말하면, 죽어가고 있다. 그러므로 나는 지금 돌아가는 중이다. 죽음이야말로 떠났던 어미 품에 다시 안기는 일이니 어찌 경사가 아니겠는가?

하늘로 쏘아 올려진 화살은 올라갈 데까지 올라갔다가 내려온다. 올라가다 말고 중간에 내려오는 화살도 없지만, 공중에 머물러 내려올 줄 모르는 그런 화살도 없다.

같은 말을 하는 사람들은 동족과 인척들이다.
터놓고 말할 수 없는 사람들 속에 있을 때
너는 사슬로 묶인 죄수와 같다.
많은 인도인과 터키인들이 같은 말을 쓴다.
그런데 같은 터키인들 가운데 있으면서
외국인처럼 사는 자들이 많이 있다.
서로 알아듣는 말을 쓴다는 것은
보통 일이 아니다. 그러나
가슴으로 하나되는 것이 혀로 하나되는 것보다 낫다.

༺

 나는 그렇더라. 신앙의 정통을 독점한 양 타종교를 무시하고 핍박하는 크리스천보다 그리스도교를 이해하려고 노력하면서 만날 때마다 말없는 미소로 두 손 모으는 불자佛者들이 더 반갑고 더 고맙고, 나는 그렇더라.

 나는 그렇더라. 미국 놈들 모두 나쁜 놈들이라고 침 튀기며 욕하는 한국인보다 미국에도 나쁜 사람 있지만 한국에도 나쁜 사람 있다고 더듬거리며 말하는 미국인이 더 듬직하고 친근하고, 나는 그렇더라.

 가슴은 주인이고 혀는 하인이다. 하인하고 사귀는 것보다 주인하고 사귀는 것이 모든 면에서 더 낫다.

우리에게는 만물의 이름이
그것의 겉모습이요
창조주께는 만물의 이름이
그것의 속 알맹이다.
모세 눈에는 그가 든 막대기 이름이 '지팡이'였고
창조주 눈에는 그 이름이 '뱀'이었다.

～

사람 눈은 겉에서 거죽만 본다. 외과 의사가 환자 몸을 가르고 안을 들여다본다 해도 그 눈에 보이는 것은 어디까지나 내장의 겉모습이다.

창조주는 안에서 안을 본다. 장미로 장미를 보고 구름으로 구름을 본다.

그래서 같은 것을 보지만 이름이 달라진다.

사람들 가운데는 저를 지으신 분처럼 보려고 하는 이가 있다. 보통 사람들이 누구를 보고 '빨갱이'라고 부를 때 그는 '사람'이라고 부른다. 거기서 멈추지 않고 더욱더 나아가 마침내 창조주 눈으로 볼 수 있게 되면, 그를 '나'라고 부른다.

비록 운명이 수백 번
너를 거꾸러뜨린다 해도
마침내는 하늘에
네 천막을 치게 되리라.
너를 안전한 곳으로 이끌기 위해
너를 겁주는, 그것은
하나님의 친절하심이다.

❧

근원이란, 무엇이 거기서 나온다는 말이요, 따라서 무엇이 거기로 돌아간다는 말이다.

하늘은 하나님이 계신 곳, 만물의 근원이다.

우리가 거기서 왔으니 거기 말고는 돌아갈 데가 없다.

저마다 출발선이 다르니, 돌아감에 앞선 자 뒤처진 자가 있을 수 없다. 모두가 동시에 돌아가고 있는 중이다.

"돌아감이 도道의 움직임이다." (《노자》 40장)

네가 만일 남을 빠뜨리려고 구덩이를 판다면
그 구덩이에 너 자신을 빠뜨릴 것이다.
스스로 누에고치를 짓지 말아라.
구덩이를 너무 깊이 파지 말아라.

 내가 누구에게 무엇을 했다면, 그 '누구'가 나든 남이든, 그것은 곧 하나님에게 한 것이다. 그리고, 하나님은 내가 한 일을 반드시 갚아주신다.

 하나님이 계시는 하늘은 땅에서 멀기도 하고 가깝기도 하다. 그래서 어떤 때는 금방 갚아주시지만 어떤 때는 갚아주시는 데 시간이 좀 걸리기도 한다. 그러나 빠뜨리는 일은 절대 없다.

 따라서 내가 무엇을 했다면, 누구에게 했든, 그것은 곧 나에게 한 것이다.

 이 진실을 깨치고 그대로 사는 사람에게 따로 형법·민법이 있어야 할 이유가 없다.

네가 남들한테서 보는 많은 허물들이
그들 안에 되비친 너 자신의 성품이다.
예언자께서 이르셨듯이,
"성실한 자들은 서로에게 거울이다."

☙

거짓말이 무엇인지 모르는 사람, 그러니까 한 번도 거짓말을 해보지 않은 사람은 남들이 거짓말을 해도 그 말이 거짓말인 줄을 모른다. 그래서 번번이 속지만, 속는다는 게 어떤 건지를 모르니까 사실은 속은 게 아니다.

남들한테서 허물을 많이 보는 사람은 그만큼 허물이 많은 사람이고, 남들한테서 장점을 많이 보는 사람은 그만큼 장점이 많은 사람이다.

그리고, 남들한테서 자신의 모습을 보는 사람을 가리켜 예언자 무함마드는 성실한 자the faithful라고 불렀다.

자기 자신을 다스리는 사자獅子에 견줄 때
적의 대열을 무너뜨리는 사자는 소영웅小英雄이다.

❦

적군의 대열을 무너뜨리는 장군은 과연 영웅이다. 그러나 자기 자신을 정복한 병졸에 견주면 소영웅일 따름이다.

남을 이기는 것은 싸워서 얻는 승리요, 자기 자신을 이기는 것은 싸우지 않고 얻는 승리다.

사람이 땅을 이기지 못하는 것은 땅이 대거리를 하지 않기 때문이요, 땅이 하늘을 이기지 못하는 것은 하늘이 아무 데도 없이 있기 때문이다.

간혹, 자기를 상대로 거칠게 투쟁하여 마침내 이겼노라 장담하는 사람이 있거니와, 그래봤자 '나'라는 이름의 '남'을 무너뜨린 소영웅일 뿐이다.

"두려워 말라"는 말은
두려워하는 자들에게 베풀어진 호의다.

✌︎

 호의니까 다 좋은 것일까? 때로는 내 호의가 상대방에게 악의로 해석될 수도 있는 세상이다. 그러니까 두려워하고 있는 사람에게 "계속 두려워하라"고 말할 것인가? 그 또한 사람으로서 할 짓이 아니다.
 같이 두려워할 수도 없는 노릇이고 그렇다고 혼자서 두려워하도록 내버려둘 수도 없는 노릇이고, 참으로 쉽지 않은 인생이다.
 호의를 베푸는 것 정도로는 풀어지지 않는, 그런 문제들이 있다. 두려움도 그것들 가운데 하나다. 그런 문제들 앞에서 보여주는 호의는 자칫 책임 회피의 다른 얼굴일 수 있다. 삼가 경계할 일이다.

오, 아들아.
영안靈眼을 뜬 자들만이
우리가 어떻게 억지를 부리는지 안다.

※

 그러니까, 영안을 뜬 사람은 억지를 부리지 않는다. 저 뜰에 내리는 여름비처럼, 여름비에 젖는 소나무처럼.
 슬프면 울고 기쁘면 웃는다. 아프면 눕고 배고프면 먹는다. 배고파도 먹을 게 없으면 굶는다. 굶다가 죽게 되면 죽는다. 죽었다가 다시 살아나게 되면 다시 살아난다.

존경하는 자가 존경받고,
설탕을 가져오는 자가 과자를 먹는다.
누구에게 착한 여자들인가? 착한 남자들에게다.
벗을 공경하여라. 싫거든,
그러지 않았을 때 어떻게 되는지 당해 보아라.

※

이 세상은, 이 세상에 살고 있는 모든 사람은, 나를 비춰주는 거울이다.

내가 상을 찡그리고 노려보면 찡그린 상으로 나를 노려본다. 내가 웃으면서 손을 내밀면 웃으면서 내게 손을 내민다.

남에게 하는 짓이 사실인즉슨 나에게 하는 짓이다. 그래서, 유유상종이다. 그런데도 이 사실을 믿기가, 믿고 그대로 살기가, 이다지도 어렵구나!

지성의 탐구가 비록
진주나 산호처럼 아름답지만
영의 탐색은 아니다.
영의 탐색은 다른 차원에서 이루어지고
영의 포도주는 그 맛이 다르다.

✼

  영성spiritualism을 공부하겠다는 사람들이 갈수록 많아지고 있다. 그래서들 학교로 가고 도서관을 찾는다. 거기에서는 영성을 찾아낼 수 없다는 진실을 배우기까지, 가치 있는 과정이다.
  사람이 영성을 찾아내는 게 아니라, 영성이 사람으로 하여금 저를 찾도록 이끌고 있다.

우리가 하나님께 갚아드려야 할 빚은
찌푸린 얼굴이 아니라 고마운 마음이다.

✌︎

자기를 욕하고 헐뜯고 괴롭히는 자 앞에서 얼굴을 찌푸리는 대신 공손하게 두 손을 모은다면, 그 순간 그는 하나님을 마주 뵙고 있는 것이다.

순간 순간이 하나님의 메시지로 가득 차 있다.
"오, 주님" 하고 부르짖는 모든 음성에
그분은 골백 번 대답하신다, "나 여기 있다"고.

※

적막한 산 속, 고요한 선방禪房도 라디오를 틀면 순식간에 음악소리, 우스갯소리로 가득 찬다. 라디오가 멀리서 소리를 가져온 게 아니라 본디 거기 있는 소리를 되살려낸 것이다.

하나님의 메시지는 바로 지금 여기에 있다. 누르면 터질 듯이 가득 차 있다.
환란 가운데서 내 이름을 부르는 자에게 내가 못 들은 척하지 않으리라는 것도 그분의 중요한 메시지 가운데 하나다.

오, 내 라디오는 어디 있는가?

지성인은 자기 통제를 갈망하고
아이들은 사탕을 원한다.

　　　　　　　　✦

　자기를 통제하기는 쓰고 괴로운 일이다. 사탕 빨아먹기는 달고 즐거운 일이다. 그런데, 한번 쓴맛을 보면 그 뒤로는 모두가 달콤하다. 북극 꼭지점에서 어디를 보나 남쪽이듯이.
　단맛으로 길들여진 혀에는 모두가 씁쓰레하다. 남극 꼭지점에서 어디를 보나 북쪽이듯이.
　배운 사람과 철부지의 다른 점이 여기에 있다.

말을 하려면 먼저 들어야 한다.
들음으로써 말하기를 배워라.

※

말하기보다 듣기가 먼저다. 어린아이는 말하기 전에 먼저 듣는다. 그런데 하는 말은 소리가 들리지만 듣는 말은 소리가 들리지 않는다. 그래서 어른들은 아이가 말하기를 배운다고 하지 말듣기를 배운다고는 하지 않는데, 잘못 안 것이다.

먼저 일을 제대로 하지 않고서 나중 일을 제대로 할 수는 없는 법.

남의 말을 잘 듣는 것이 남으로 하여금 자기 말을 잘 듣게 하는 비결이다.

맛만 보았는데도
질투와 속임수가 일어나고
무지無知와 망각이 생겨나거든,
못 먹을 것을 입에 넣은 줄 알아라.

※

괜히 질투하는 사람 없다. 괜히 속이는 사람도 없다. 괜히 뭘 모르는 사람 없고, 괜히 뭘 잊는 사람도 없다.
뭔가 있어서, 누군가 있어서, 질투도 하고 속이기도 한다.
뭔가를 아니까 모르고, 뭔가를 기억하니까 잊는 것이다.
그 '무엇'은 내 몸 바깥 어디에 있지 않고 벌써 내 몸 안에 들어와 있다.

국 맛을 보는 데는 한 숟갈이면 충분하다.
내가 지금 무슨 마음을 품고 있는지, 내가 지금 무슨 짓을 하고 있는지, 그것을 아는 데는 숨 한 번 들이쉬고 내쉬는 것으로 충분하다.

맛은 씨앗이요 생각은 그 열매다.
맛은 바다요 생각은 그 진주다.
제대로 된 음식을 먹으면
하나님을 섬기려는 마음과
그분의 나라로 가려는 결심을 품게 된다.

↜

어떤 맛을 좋아하느냐가 어떤 음식 먹느냐를 결정하고, 어떤 음식 먹느냐가 어떤 생각 품느냐를 결정한다.
"네가 먹는 것이 곧 너다."

입으로 먹는 것만이 음식은 아니다. 눈으로 먹는 음식도 있고 귀로 먹는 음식도 있고 손으로, 발로, 몸으로, 생각으로 먹는 음식도 있다.

종교가 입문하는 자들에게 음식을 가려서 먹이는 것은 그냥 한번 해보는 일이 아니다. 먹을 것 못 먹을 것 가리지 않고 함부로 먹어대는 잡식성으로는 떠날 수 없는 길이 그 길인 것이다.

갑자기 입에서 튀어나온 말 한 마디는
시위를 떠난 화살과 같다.
아들아, 화살은 날아간 길을 되밟아 돌아오지 않는다.
갑자기 튀어나오지 못하도록 뿌리에서 막아야 한다.

아차! 하면 벌써 늦었다. 미안하다고 사과해도 상처는 남는다.
어쩔 것인가?
남을 찌르는 뾰족한 말이 저도 모르게 튀어나오는 일이 없도록 마음을 다스리는 수밖에.

온천에서는 더운물이 솟고, 냉천에서는 찬물이 솟는 법.

오, 혓바닥이여.
너는 끝없는 보물이구나.
오, 혓바닥이여.
너는 끝없는 질병이구나.

얼마나 큰 은총인가?
사람이 말을 할 수 있음이여!
얼마나 큰 족쇄인가?
사람이 말을 아니할 수 없음이여!

광희狂喜가 홍수 져서 급히 흐를 때 둑을 막아라,
그것이 부끄러움과 파멸을 가져오지 못하도록.
그러나 내가 왜 파멸을 두려워해야 하는가?
파멸 밑에는 왕실의 보물이 기다리고 있거늘.

༄

 살다보면 황홀한 희열의 급한 물살에 빠질 때가 있거니와, 정신차려 자제하지 못하면 수치스럽게 죽을 수도 있다.
 무슨 일에나 적절하게 자제하는 것은 보기 좋은 덕목이다. 그러나 모든 사람이 모든 경우에 그럴 수 있는 것은 아니다.
 혹여, 황홀한 기쁨에 익사한다 해도 그것을 두려워할 이유는 없다. 파멸 아래에는 숨겨진 하나님의 보물이 나를 기다리고 있기 때문이다.

하나님 안에 빨려들어 간 자는
더 깊숙이 빨려들기를 바란다.
자신의 영이 바다 물결을 따라
아래로 떨어지고 위로 솟구칠 때에, 그는 묻는다.
"더 큰 기쁨은 바다 밑바닥에 있는가?
아니면 파도 꼭대기에 있는가?
더 큰 매력은 연인의 화살에 있는가?
아니면 방패에 있는가?"
오, 마음이여. 네가 만일
기쁨과 슬픔의 차이를 인식한다면
그 거짓이 너를 찢어놓을 것이다.
비록 네 욕망이 달콤하다 하여도
연인의 바라는 바는
너에게 더 바랄 것이 없는 것 아니겠느냐?

 하나님의 바다에 깊숙이 빠져들수록 이것과 저것의 차이가 좁혀지다가 중심에 이르면 마침내 사라진다.
 바닥이 꼭대기요 화살이 방패요 기쁨이 슬픔이요 욕欲이 무욕無欲이다.

연인들의 생명은 죽음 속에 있다.
네 가슴을 잃어버리기까지는
사랑하는 이의 가슴을 얻지 못하리.

🙠

사랑이란, 사랑하는 대상에게 자기를 몽땅 내주어 기꺼이 또는 아프게 흡수 통일되는 것.

그대 누구 앞에서 잠시라도 없는 존재일 수 있는가? 그렇다면 그대는 지금 사랑하고 있는 것이다.

"너 없이 나 못 살아!"

듣기에는 달콤한 말 같지만 지독한 이기주의 속임수다.

의로움의 빛이신 당신이여, 좋으실 대로 하십시오.
'우리'와 '나'로부터 해방되신 분.
남자와 여자 안에 있는 미묘한 영靈이여.
남자와 여자가 하나로 되면
그 하나는 바로 당신이요
그 하나가 자취도 없이 사라지는
거기에 당신이 있나이다.
'우리'와 '나'는 어디에 있나요?
사랑받으시는 분 곁에 있지요.
당신과 더불어 섬김의 놀이를 하고자,
그리하여 당신과 내가 한 영혼을 이루어
마침내 사랑받으시는 분 안에 잠겨들게 하고자,
당신은 이 '우리'와 '나'를 만드셨나이다.

 '나'와 '우리'는 하나의 두 이름이요 '나'와 '너'는 남자와 여자처럼, 하나의 두 얼굴이다.
 섬김의 놀이를 잘해서 사람이 섬김 덩어리로 바뀌면, 그때 비로소 '하나'가 이루어지거니와, 거기가 인간의 비등점이다.

웃음이나 눈물에 점령된 가슴으로 말해 주십시오,
그런 가슴으로 과연 당신을 뵐 수 있을까요?
가슴은 그런 것들을 잠시 빌려서
더불어 살아갈 따름이다.
사랑의 정원은 한없이 푸르러
슬픔이나 기쁨 말고도 헤아릴 수 없이 많은
열매들을 맺는다.
사랑은 양쪽의 한계를 초월하여
봄이 없어도, 가을이 없어도, 언제나 신선하다.

❧

슬픔에 눈물짓고 기쁨에 웃음짓는 감정이 없다면 그건 살아 있는 사람의 가슴이 아니다. 그러나 자기 감정에 점령당한 가슴으로는 사랑의 정원에 있는 '당신'을 만날 수 없다.

슬픔과 기쁨의 두 끄트머리를 함께 넘어선 그곳에 사랑의 정원이 있기 때문이다.

우리는 꿀벌이요 우리 몸은 벌집이다.
밀랍蜜蠟 같은 세포 하나 하나로 우리는
우리 몸을 만들었다.

✌

 벌집은 벌이 만든다. 그러나 벌집이 곧 벌은 아니다.
 사람 몸은 사람이 만든다. 그러나 사람 몸이 곧 사람은 아니다.
 중요한 말이니까 반복한다. 사람 몸이 곧 사람은 아니다.

사람들의 영혼이 무엇을 갈망하든지,
영혼의 왕의 눈과 귀가 창문에 있다.

⚘

 사람들의 영혼과 영혼의 왕은, 방 안 공기와 하늘 공기처럼, 서로 다르면서 하나다.
 내 영혼의 눈이 꽃을 보는 것은 내 영혼의 왕의 눈이 꽃을 보는 것이다. 내 영혼의 귀가 새소리를 듣는 것은 내 영혼의 왕의 귀가 새소리를 듣는 것이다.
 창문을 열어라. 방 안 공기로 하여금 하늘 공기와 거침없이 하나되게 하여라.

세상의 아첨과 위선은 달콤한 빵조각이다.
먹지 말아라, 그 속에 불이 가득 차 있으니.
처음 맛볼 때에는 불이 숨어 있지만
끝에 가서는 연기가 눈에 보인다.

※

 달콤한 속임수로 아첨하는 말을 듣고 흐뭇해지면 벌써 갈 데까지 간 사람이다. 별수없다. 죽었다가 다시 태어나든지 말든지……

 오죽하면 도오선자道吾善者는 시오적是吾賊이요 도오악자道吾惡者는 시오사是吾師라, 나에게 좋은 말 하는 자 곧 내 원수요 나에게 나쁜 말 하는 자 곧 내 스승이라고, 억지 같은 소리를 했을까!

 듣기에 달콤한 말일수록 조심할 것!

할 수 있으면 군주가 되지 말고 노예가 되어라.
스스로 두들겨 맞아라.
방망이가 되지 말고 공이 되어라.

✌︎

요컨대, 불안에 떨지 말고 안녕한 자리에 처하라는 얘기다.

거선지居善地. 그때 그곳에서 가장 낮은 자리를 차지하여 흐르는 물처럼, 그렇게 살아가라는 얘기다.

태풍으로 가지들이 흔들려 뿌리가 뽑히는 수는 있어도 뿌리가 먼저 흔들려 가지를 부러뜨리는 법은 없다.

언제 어디서나 낮은 자리에 누워라. 그것이 진짜 웰빙well being이다.

야구 선수가 방망이로 공을 때리면, 공은 하늘로 날아오르고 방망이는 땅바닥에 동댕이쳐진다.

봄 날씨라 한들 단단한 돌 위에야
어찌 정원을 가져오겠느냐?
흙이 되어라, 그리하여
온갖 색깔로 꽃을 피워라.
그 동안 너는 울부짖는 바위였으니
이제, 실험을 위하여, 흙이 되어라.

✦

 북한산 인수봉은 장엄하여 뭇 사람이 우러러보지만, 봄이 와도 꽃 한 송이 안아보는 행복을 맛보지 못한다.
 자기 정체성이 분명한 것과 단단한 것은 다르다.
 "내 가슴에 불이 있어도 이 불을 바위 덩어리에 옮겨 붙일 수는 없는 일이다."
 마하트마 간디가 자신의 《바가바드 기타》 강의를 들으러 모인 젊은이들에게 한 말이다.
 벼락을 맞든 망치질을 당하든 아니면 오랜 세월 비바람에 닳든, 아무튼 깨어져 부서지지 않고서는 누구의 에고ego도, 너나 없이 부드러운 어머니 흙으로 돌아갈 수 없다.

내가 신성한 호흡의 등불을 밝힐 때
온 세상 어려움이 풀어진다.
이 땅의 태양이 치우지 못한 어둠도
내 호흡을 통해서 밝은 아침이 된다.

※

들이쉬고 내쉬는 숨결마다 그것이 어디에서 오고 어디로 가는지를 알 때에 그 사람은 신성한 호흡divine breath을 하고 있는 것이다. 본디 호흡마다 신성한 것이지만, 장미를 장미로 보는 자에게 장미이듯이, 신성한 호흡도 신성한 호흡으로 숨쉬는 자에게 신성한 호흡이다.

해가 떠도 어딘가에 그늘은 있는 법. 그러나 어떤 이의 눈에 해가 담겨 있다면 그에게 무슨 어둠이 있겠는가?

등燈 안에 있는 초에서 빛이 뿜어져 나올 때
등을 보는 사람마다 초를 본다.
성인聖人들의 등에서 하나님의 빛을 보아라.
먼저 가신 이들의 초에서 그분의 빛을 보아라.

✌

 등燈을 보면서 그 안에 있는 촛대를 본다. 촛대를 보면서 그 안에 있는 빛을 본다. 그것이 올바른 순서다. 거꾸로는 불가능이다.
 소나무도 보지 못하면서 나무를 보려 하고 나무도 보지 못하면서 하나님을 보려 하는 것은, 등도 보지 못하면서 촛대를 보려 하고 촛대도 보지 못하면서 빛을 보려 하는 것과 같다.

 등을 보면서 등만 보면 촛대가 안 보이고, 성인을 보면서 성인만 보면 하나님이 안 보인다. 그래서 보이는 것의 거죽에 머물지 말라는 얘기다.

영靈은 남성과 여성을 초월해 있다.
때로는 이렇고 때로는 저렇고, 그런 것이 아니다.

❧

겉으로만 보면 모든 사람이 남자 아니면 여자다. 그러나 속으로 보면 모든 사람 안에 남성도 있고 여성도 있다.

사람을 겉으로만 보니까 가부장 제도가 있고 인종 분리 정책도 있고 노예 제도 또한 있는 것이다.

사람들이 저마다 제 속으로 들어가, 남성과 여성을 아울러 지니며 동시에 그것들을 초월한 영靈으로 살아가는 법을 배우기까지는, 이 모양 저 이름의 차별 문화가 끊임없이 계속될 것이다.

무함마드의 후계자가 네 앞에 앉아 계신다.
그러나 과연 어디가 '앞'이냐?
그분이 네 뒤에 계신다. 그러나
'뒤'를 생각하는 영靈은 어디 있는가?
'앞'과 '뒤'가 따로 있다고 생각하는 동안에
너는 몸에 묶여서 영을 빼앗긴 것이다.
'위'와 '아래', '앞'과 '뒤'.
이것들 모두 몸에 속한 것들이다.
밝은 영의 본체는 그냥 '있다'.

━━

땅에는 동서남북에 위아래도 있지만 하늘에는 동서남북도 없고 위아래도 없다.

본디 동서가 없으니 어디에 남북이 있으랴?
잠들어서 삼계三界가 성벽이요
깨어나니 시방十方이 공空이로다.
(本來無東西, 何處有南北. 迷故三界城, 悟故十方空)

사람은 땅에 서서 하늘을 살아간다. 그래서 사람이고 그래야 사람이다.

하나님에 대한 망각이
이 세상을 지탱한다.
영적 각성이
이 세상을 무너뜨린다.
각성은 저 세상에 속한 것이기에
그것이 터를 잡으면
물질계는 허물어진다.

✿

시간과 공간이라는 의식의 구조물 mental construction(아인슈타인)이 없으면 인간이 물질계에서 살 수가 없다.

하나님께는 시간도 없고 공간도 없다. 그러기에 하나님을 알았다는 것은 더 이상 시간이나 공간의 제약을 받지 않는다는 말이다.

지상에 머물러 걷거나 뛰거나 비행기를 타고 날아서 공간과 시간을 이동해야 하는 사람이라면 그 누구도 내가 하나님을 알았다고 말할 수 없는 이유가 여기에 있다.

영계靈界와 그리로 들어가는 문이
모습을 나타낸다면
한 순간도 그대로 남아 있을 자가 없을 것이다.

✜

 영계와 그리로 들어가는 문이 모습을 나타낸다는 말은 누군가 그것들을 눈으로 본다는 말이다.
 영계와 그리로 들어가는 문을 보는 눈은 아직 그 문을 들어서지 않은 자에게 있다. 그러나 눈으로 그것을 보는 순간 눈의 임자는 더 이상 거기에 없다.
 이승과 저승 사이가 그와 같은 것일까?

 하나님의 얼굴을 보고 나서 사는 사람이 없다고 했던데(《출애굽기》 33, 20) 거룩한 무엇을 보았기에 벌을 받아서 죽는다는 뜻은 아닐 것이다.
 관어해자觀於海者 난위수難爲水라, 바다를 본 자 냇가에 머물러 있기 어렵다 했거늘.

모든 울부짖음과 들리는 소리의 근원인 그 목소리!
그것이 유일한 소리요
나머지는 그것의 메아리들이다.

✦

태초에 목소리 하나 있었다. 그 목소리가 일파만파로 세상 모든 소리들을 낳았다, 낳고 있다, 낳을 것이다.

같은 소리가 골짜기에 따라서 다른 메아리로 울린다. 저 사람한테서는 울음소리로 울리고 이 사람한테서는 웃음소리로 울린다.

들리는 모든 소리를 타고 거슬러 오르면 마침내 뿌리 소리에 닿으리라.

그 목소리 임자가 누군지를 묻는 질문은 부질없다. 아직 뿌리 소리에 이르지 못한 자에게는 설명할 말이 없고, 이미 뿌리 소리에 이른 자에게는 설명할 필요가 없기 때문이다.

환상을 보는 자들이 없다면
눈먼 자들 모두가 죽을 것이다.

༄

눈이 있어도 볼 것을 보지 못하면 그 사람은 눈먼 사람이다.

너와 나, 나와 남을 별개 존재로만 보는 사람, 그래서 누군가를 증오하여 죽이기까지 할 수 있는 사람은 눈먼 사람이다.

전쟁은 맹인들의 어이없는 잔치다.

하루도 그치지 않는 전쟁 마당에 눈먼 자들이 저렇게 살아 있음은 어디엔가 숨어서 환상vision을 보는 자들이 있기 때문이다.

눈에 보이지 않는 속을 들여다보는 자들이 환상을 보는 자들이다. 그들은 마침내 모든 것이 하나임을 본다.

"사물과 존재들이 겉에서 보면 동떨어진 것처럼 보이지만, 표면 안으로 들어가면 서로 가까워지다가 가장 깊은 중심에서는 모두 하나로 된다."(하즈라트 이나야트 한)

하나님이 내게 생명을 주셨다.
모든 하루의 가치는 그분만이 아신다.

❦

하루의 가치다. 이틀이나 사흘이나 석 달이나 십 년의 가치가 아니라, 그날 하루의 가치the value of every single day다.

하나님이 내게 주신 생명은 어제도 아니고 내일도 아니고 오늘 하루만 유효하다.

내가 진정으로 오늘 하루의 가치를 안다면, 그 앎에 뿌리내리고 순간 순간을 살아간다면, 그렇게만 산다면, 내가 바로 하나님이다.

오, 하나님. 당신께 도움을 청하고 있는
저의 자아自我를 등질 수 있도록 도와주소서.
다른 누구도 아니고,
자유롭기를 추구하고 있는 저의
자아로부터 자유롭기를 저는 바라나이다.
저보다 더욱 저와 가까우신 분 말고는
그 누구한테서도 자유를 얻지 못할 것입니다.
왜냐하면, 이 '나'라고 하는 물건이
순간 순간 당신께로부터 오는 것이기 때문입니다.

҉

'나'는 내 것이 아니다. 임자가 따로 있다.
 이 비밀을 아는 순간 더 이상 '나'는 없다. 그것이 싫어서 '나'는 한사코 이 비밀을 외면한다. 그래서 자유롭지 못하다. 진실만이 자유롭게 할 수 있는데 바로 그 진실을 외면하기 때문이다.

 남산은 남산을 바라보지 않고, 자유는 자유를 추구하지 않는다.

아는 것이 많지만
그 모든 지식을 주시는 분에 대해서는
아무것도 모르는
네 참회가 네 죄보다 더 고약하다.

❦

 하늘 아버지 땅 어머니가 내게 눈을 주시지 않았다면, 내가 무엇을 볼 수 있으며 무엇을 알 수 있겠는가?
 날마다 값없이 주어지는 온갖 선물로 살면서, 그 선물을 주신 분에 대하여는 생각조차 할 줄 모르는 자들이 어떻게 기쁨과 고마움으로 남을 섬길 수 있겠는가? 그들은 세상에서 빨리 사라질수록 좋은 자들이다.
 그런데, 죄는 죄인을 죽이고 참회는 참회자를 살린다.
 죽어야 할 자가 참회해서 자꾸만 살아나니 결과는 더욱 고약해질 따름이다.

 세상을 어지럽게 만드는 무리는 아는 것 없는 '못난 자들'이 아니라 모르는 것 없는 '잘난 자들'이다.

부자가 돈을 내어놓는 것은
그에게 어울리는 일이다.
그러나, 사랑하는 이의 참된 관용은
자기 영혼을 굴복시키는 것이다.
네가 만일 하나님을 위하여
빵을 내어준다면 빵을 돌려받을 것이요,
네가 만일 하나님을 위하여
목숨을 내어준다면 목숨을 돌려받을 것이다.

돈 많은 사람이 남에게 내어줄 수 있는 것은 돈밖에 없다.
 사랑하는 사람이 사랑하는 사람에게 내어줄 수 있는 것은 영혼밖에 없다.

 나 자신을 위하여―가 아니고, 다른 누구 다른 무엇을 위하여―라면 그게 곧 하나님을 위하여―다. 그것이 무엇이든, 남을 위하여 내어놓으면 그것은 곧 하나님께 바쳐진 것이 되고, 그리하여 고스란히 또는 더욱 커져서 내게로 돌아온다.
 하나님은, 하늘처럼, 무엇을 움켜잡는 손이 없기 때문이다.

'내일'의 약속에 기대어
그 문 앞에서 몇 년이고 서성거리는 자들이 있다.
그러나 '내일'은 결코 오지 않는다.

❦

"내일 갚겠다"면서 돈을 꾸어간 사람은 숨질 때까지 그 돈 갚지 않아도 된다. 돈 갚을 사람에게나, 돈 받을 사람에게나 그가 숨질 때까지, 아니 숨진 뒤에도 '내일'은 아직 오지 않았기 때문이다.

아무리 빠르게 달리는 사람이라도 제 그림자를 따돌리지는 못한다.

세상에 존재하는 시간과 공간이 있다면 다만 '지금·여기'가 있을 뿐이다. 그래서 예수도 "왕이 되어 오실 때에 저를 기억해 주십시오" 하고 간청하는 죄수에게 "그날"이 아니라 "오늘" 네가 나와 함께 낙원에 들어갈 것이라고 대답하셨다.(《루가》 23, 43)

각다귀에서 코끼리까지 모든 동물을 보라.
그것들 모두 하나님의 가족이요
하나님이 먹여 살리신다.
하나님은 얼마나 대단한 부양자신가!
우리네 가슴속 이 모든 슬픔은
우리 자신의 헛된 욕망의 연기와
안개에서 피어오른 것들이다.

↜

지금 있는 것으로 충분히 만족하면 더 바랄 것이 없어진다.
 바라는 것이 없으면 낙심도 없고 절망도 없고 따라서 슬픔도 없다. 하나님 나라는 '희망 사항'이 없는 백성들의 나라다.
 단테가 지옥 문 앞에 걸어둔 팻말, "이리로 들어가는 자, 희망을 버릴지어다"를 떼어서 천국 문 앞에 걸어야 옳다. 지옥이야말로 다른 무엇보다도 희망이 필요한 곳이기 때문이다.

 아무것도 바랄 것이 없는 삶! 이 땅에 사는 동안 한 번 맛보게 되기를 바랄 만한 그런 삶 아닐까?

달콤하게 사는 자는 고통스럽게 죽는다.
제 육신을 섬기는 자는
자기 영혼을 먹여 기르지 않는다.

　

육신의 욕망을 모두 채워주기로 마음먹은 이상, 그 일 말고는 다른 일을 도모할 짬이 없다. 채우면 채울수록 허전하고 먹이면 먹일수록 배고픈 게 육신의 욕망이기 때문이다.

달콤한 맛에 길들여진 혀는, 달콤한 맛이 소멸될 때 맛보게 되는 다른 모든 맛이 그대로 쓴맛이다.
삶에 집착이 강할수록 죽음이 고통스러울 것은 당연한 일.
문제는 어디까지나 삶을 붙잡아둘 수 없고 언제까지나 죽음을 외면할 수 없다는 사실에 있다. 어쩔 것인가?
살아 있는 동안 죽음의 맛에 혀를 길들여라.

바라건대 그런 일이 없기를!
나는 피조물한테서 아무것도 욕망하지 않는다.
만족을 통해, 세계가 내 안에 있다.

✌︎

피조물이 피조물한테서 무엇을 구한다는 것은 제 바깥에서 그것을 구한다는 말이다. 모든 것이 처음부터 내 안에 있거늘 다시 무엇을 밖에서 구할 것인가?

천지 만물이 있기 전에 그것을 있게 한 분이 내 안에 있다.

"아는 자를 알 수 있는데, 어째서 알려지는 것을 찾고 있는가?"(피르 빌라야트 이나야트 한)

대형 백화점 사장이 무엇 때문에 동네 구멍가게를 기웃거리랴? 바라건대, 그런 일이 없기를!

하루나 이틀 가난해 보아라.
그리고 궁핍 안에서 갑절의 풍요를 맛보아라.

✌︎

하루 굶어보면 밥맛을 알게 되고 이틀 굶어보면 물맛을 알게 된다.
단식의 효과들 가운데는, 몸을 깨끗하게 해주는 것 외에 음식의 가치를 제대로 알게 해주는 것도 있다.

그립지 않은 고향은 고향이 아니다. 고향을 한 번도 떠나보지 않은 자에게 고향은 있지만 없는 것과 같다.

우리는 부모와 함께 고향에 사는 것이 얼마나 좋은지를 갑절로 깨닫고자, 하루나 이틀쯤 이곳 지구 행성에서 타향살이를 하고 있는 것일까?

듣는 귀가 목마르고 굶주려 있으면
송장이나 다름없는 설교자도 웅변을 한다.
듣는 귀가 신선하고 지루해 하지 않으면
주정뱅이나 벙어리도 못할 말이 없을 것이다.

✌

 맛을 결정짓는 것은 요리도 아니고 혀도 아니고 배다. 굶주린 배에는 보리죽이 궁중 요리보다 맛있고, 부른 배에는 궁중 요리가 보리죽보다 맛없다.

 웅변은 웅변가로 말미암지 않는다. 말에 굶주린 귀를 가진 자들로 말미암아, 웅변은 태어난다.
 "예수께서 무리를 보시고 산에 올라가 앉으시자 제자들이 곁으로 다가왔다. 예수께서는 비로소 입을 열어 이렇게 가르치셨다."(〈마태오〉 5, 1~2)
 예수께서 입을 열어 가르치시자 비로소 제자들이 곁으로 다가온 게 아니었다.

아름답고 귀엽고 사랑스럽게 만들어진 모든 것이 그것을 보는 이의 눈을 위해 만들어졌다.

↤

산해진미도 먹는 이를 만나기까지는 산해진미가 아니다. 금강산도 그 빼어난 아름다움을 보는 눈이 있기까지는 아름다운 금강산이 아니다.

존재하는 모든 것이, 나를 포함하여, 그것을 알아보는 눈을 위해 존재한다.

나는 걱정 없다. 금강산의 아름다움이 금강산을 위해 있지 않고 그것을 알아보는 눈을 위해 있듯이, 내 존재의 존귀함도 나를 위해 있지 않고 그것을 알아보는 눈을 위해 있으니, 내가 나를 위하여 따로 할 일이 없거늘 새삼스레 무엇을 걱정할 것인가?

여자들의 사랑은 남자들을 매혹하게 되어 있다.
하나님이 그렇게 만드셨다.
하나님이 만드신 것을 저들이 어찌 피할 수 있으랴?
하나님이 여자를 지으셨으니
아담은 여자한테서 위안을 받을 수 있다.
아담이 어떻게 여자한테서 떨어질 수 있으랴?

 아무리 세월이 흐르고 세상이 바뀌어도 달라지지 않을 것은, 남자와 여자의 사랑이다. 하나님이 그렇게 만드셨으니 누구도 그 사이를 갈라놓을 수 없을 것이다.

 물그릇은 세월과 함께 달라져도 물은 태곳적 물 그대로이듯이, 사랑하는 방법이야 세태와 함께 달라져도 남자와 여자의 사랑은 아담과 하와의 첫사랑 그대로다.
 이 사랑이 마침내 세상을 구원하리라.

여자는 하나님의 빛줄기다.
저속하게 사랑받을 대상이 아니다.
여자는 창조되지 않고 창조한다.

✌

저속하게 사랑받을 대상이 아니라는 말은, 땅에 묻힐 사랑의 대상이 아니라는 뜻이다.

빛줄기는 땅 속에 묻히지 않는다.

남자들이 여자를 제 소유인 양 생각하고 행동한 것은 오래 지속된 어리석음의 극치였다.

이제 바야흐로 인류가 그 어리석음을 벗으려 하는 시점에서 볼 때, 800년 전 루미의 천재성을 감탄하지 않을 수 없다.

천재는 과연 시공時空을 초월하는가?

네 생각은 낙타를 모는 자와 같고
너는 낙타다.
그것이 너를 가혹하게 다스려
모든 곳으로 몰아가는구나.

🙠

정신차리라는 얘기다.

제 머리로 만들어낸 생각에 코가 꿰여 그것이 끄는 대로 이리저리 끌려다니다가 저와 다르게 생각하는 사람을 죽이기까지 하다니! 그게 사람의 할 짓이더냐?

예언자나 성인聖人으로 하여금
온 세상의 피난처가 되게 하시려고
하나님은 당신의 영靈을
한 인간의 몸에 결부시키셨다.

　 예언자가 예언자 된 것은 저 혼자 스스로 그렇게 된 것이 아니다. 성인이 성인 된 것도 스스로 된 것이 아니다.

　 온 세상이 동원되어 예언자를 예언자 되게 했고 성인을 성인 되게 했다. 다른 말로 하면, 하나님이 예언자를 예언자로, 성인을 성인으로 되게 하려고 그 몸에 당신 영을 결부시키셨다.

　 왜?

　 아직 성인 되지 못한 자들, 예언자 아닌 자들의 피난처(귀의처)로 삼기 위해서.

　 그들에게 귀의하여 피난처로 삼을 어리석은 중생이 없으면, 예언자도 성인도 처음부터 없는 것이다.

성자가 독毒을 마시면 해독제가 된다.
그러나 제자가 그것을 마시면
마음이 더욱 어두워질 뿐이다.

🍂

성자는 자기 분수를 알아 그것을 지킨다. 그래서 성자다. 무엇을 먹든 독 될 게 없거니와 독도 잘 먹으면 양약이 된다.

제자는 아직 제 분수를 모르고, 안다 해도 그것을 지킬 줄 모른다. 그래서 제자다. 양약도 잘못 먹으면 독이 되거니와 하물며 독을 잘못 먹고서 어찌 무탈하기를 바라랴?

제자가 스승을 따라 하는 것은 좋지만, 스승을 따라 하는 것도 스승의 가르침에 따라서 해야 한다.

사랑이 만일 마음으로만 하는 것이라면
금식이나 기도를 따로 수련할 일이 없을 것이다.
연인들이 서로 주고받는 선물은,
사랑 자체에 견줄 때, 한낱 형태일 뿐이지만
그래도, 그것들이
보이지 않는 사랑을 입증해 준다.

❧

사람이 떡으로만 사는 것이 아니라 하나님 말씀도 먹어야 산다고 했다. 옳은 말이다. 그런데 이 말은, 사람이 하나님 말씀으로만 사는 것이 아니라 떡도 먹어야 산다는 말과 같다.

사랑은 사랑하는 마음으로 하는 것이다. 그러나 그 마음을 표현해 줄 몸이 없다면 사랑하는 마음이 어떻게 사랑으로 바뀔 수 있으랴?

사랑이신 하나님이 흙으로 사람을 빚어 만들고 시공간의 구속을 받는 물질계에 살도록 하신 것은 괜히 심심풀이로 그렇게 하신 것이 아니다.
"우주는 하나님의 자기 노출이다."(이븐 아라비)

하나님께서 이렇게 말씀하셨다고,
예언자가 이르셨다.
"나는 높은 그릇에도 낮은 그릇에도
담겨져 있지 않다.
나는 땅에도 하늘에도 담겨져 있지 않다.
그러나 나는 내 충실한 하인下人 가슴속에 있다.
얼마나 놀라운 일이냐?
나를 찾으려거든 거기서 찾아라."

❧

"하나님 나라가 오는 것을 눈으로 볼 수는 없다. 또 '보아라, 여기 있다' 혹은 '저기 있다'고 말할 수도 없다. 하나님 나라는 바로 너희 안에 있다."(예수)

밖에서 찾지 말아라, 갈수록 멀어지리니.
나 이제 홀로 가매 곳곳에서 그를 만나노라.
그는 바로 나인데 나는 그가 아니구나.
이렇게 깨달아야만 바야흐로 부처와 하나되리.(洞山良价)

네 속을 감추지 말고 드러내어라.
그리하여, 내 속도 드러나고
내가 견딜 만한 것을
나로 하여금 받아들이도록 하여라.

🙢

　서로 사랑하는 사이라면 마땅히 그래야겠지.
　닫혀진 마음으로야, 사랑은 관두고, 무엇인들 제대로 할 수 있겠는가?

아름다움이 거울을 찾듯이
풍요로움은 걸인들과 가난한 이들을 찾는다.
그런즉, 걸인들은 하나님의 후하심을 비추는
거울이요, 하나님과 함께 있는 그들은
절대 풍요Absolute Abundance와 한 몸이다.

෴

보아주는 눈이 없으면 아름다움도 없다.
구걸하는 손이 없으면 후하게 내어주는 손도 없다.

모든 부족한 것들, 덜된 것들이 충만한 하나님, 완전한 하나님을 있게 하느니!

거리를 배회하는 걸인에게서 이 세상 일체 역설의 왕을 만난다.

스승이 어떤 지식을 가졌다고 세상에 알려졌든
그 지식에는 학생들의 영혼이 침투되어 있다.

 자기 배를 통해서 세상에 태어나는 영혼 없이는 어느 어미도 자식을 낳을 수 없듯이, 자기한테 배우는 학생의 영혼 없이는 어느 선생도 지식을 쌓을 수 없는 것이다.
 선생은 마땅히 학생에게, 성실한 가르침으로, 고마운 마음을 표시해야 한다.

알아야 할 모든 지식들 가운데
임종의 날을 위해 갖추어야 할
가장 좋은 지식은
영적 가난을 아는 것이다.

↜

'상대성 이론'이 아인슈타인의 임종에 도움이 되었을까?
'자본론'이 마르크스의 최후를 평안함으로 이끌었을까?
'불확실성 원리'가 하이젠베르크를 낙원으로 안내했을까?

자기 자신이 아무것도 아님을 깨달아 아는 것이야말로 임종의 날을 환한 웃음으로 받아들이도록 하는 비밀스런 지식이다.
그렇다면, 그 지식을 굳이 임종의 날까지 미루어둘 이유가 무엇인가?

비록 네가 당대當代의 가장 뛰어난 학자라 해도
보아라, 이 세상과 이 시대가 함께 사라져간다!

달리는 열차 바닥에 금 긋고 경주를 하여 일등을 했다 하자. 그가 과연 다른 사람들보다 한 뼘이라도 앞섰다 할 것인가?

부질없는 세상에서 부질없는 일로 건방지게 뽐낼 것 없다는 얘기다.

아들아, 우주의 모든 것이
지혜와 아름다움으로 가득 찬 주전자임을 알아라.
우주는 그분의 아름다움이 흐르는
티그리스의 한 방울 물이요
그 아름다움은 어떤 피부에도 담기지 않는다.
그분의 아름다움은 잔뜩 부풀어오른
숨겨진 보물이었고, 마침내 폭발하여
이 땅을 하늘들보다 더 빛나게 만들었다.

🙢

  달팽이 기어간 자국에도 우주의 지혜와 아름다움이 묻어 있다. 눈여겨 보아라.

너는 성나고 굶주린 똥개다.
배터지게 먹고는 송장이 되어
무감각한 담벼락처럼 누워 있구나.
개로 되었다가 송장으로 되었다가,
그러면서 어떻게
사자들과 함께 달리며
성인들의 뒤를 따르겠다는 것이냐?

배불리 먹고 누워 게으름 피우는 제자에게 떨어지는 스승의 질책이 매섭다.

부럽구나, 이런 꾸지람을 받을 수 있는 자의 행복함이여.

난처한 일을 당해 어렵거든
참고 견뎌라.
인내야말로 기쁨의 열쇠다.

✌

 난처한 일은 이미 일어났다. 어쩔 것인가! 없었던 일로 할 수도 없고 피해서 달아날 수도 없다.
 참고 견디라는 말은 모든 종류의 능동태를 포기하고 철저한 수동태로 돌아가라는 말이다.
 아프고 괴로울 것이다. 그러나 바로 그 아픔과 괴로움이 기쁨과 즐거움의 문을 여는 유일한 열쇠다.
 남산을 등에 업지 않고서 어떻게 북극성을 바라볼 수 있으랴?

생각을 굶어라.
생각들이란 사자와 들나귀 같고
사람 가슴은 그것들이 출몰하는 덤불 숲이다.

✒︎

 어두울 명冥에 생각할 상想, 명상한다고 앉아 있다 보면, 생각이 흐릿해지고 고요해지기는커녕 되레 더 뚜렷해지고 기승을 부리는 것 같다. 그러나 고요히 앉아 있기 때문에 생각이 다른 때보다 더 많이 나는 것은 아니고, 어떤 한 생각에 빠져 있지 않으니까 출몰하는 생각들이 더 잘 보이는 것일 뿐이다.
 출몰하는 생각들을 겁내거나 꺼려할 것 없다. 그것들에 마음을 쓰면 그만큼 먹이를 주어 기르는 셈이다. 생각들에 먹이를 주지 말고 굶겨라. 그것이 제대로 하는 금식이다.

금식은 의약의 제1원리다.
굶어라, 그리고 솟아나는 영의 힘을 보아라.

╰┄

개들은 몸에 탈이 나면 일단 굶는다. 사람들은 몸에 탈이 나면 무얼 더 먹으려 한다.

개들이 사람보다 의약의 제1원리를 그만큼 잘 지킨다.

우리 집 진돗개는 사람 나이로 치면 팔십 노인인데 한 번도 치과나 안과에 가보지 않았다. 그런데도 아직까지 잘 보고 잘 먹는다.

언젠가 마을에 개 돌림병이 돌았을 때 이틀인가 사흘인가 꼬박 굶는 것을 보기는 했다.

금식의 효능을 설명하는 것은 괜한 짓이다. 해보지 않은 자에게는 우이독경이요 해본 자에게는 쓸데없는 소리일 테니까.

안내자가 없으면 아는 길에서도 헤매게 마련이다.
모르는 길은 절대 혼자서 가지 말아라.
안내자한테서 눈길을 돌리지 말아라.

↜

 인생은 나그네길이라지? 그렇다면 믿음직한 안내자를 둔, 이른바 종교를 가진 사람들이야말로 무조건 행복한 사람들이다.
 그러나 아무리 훌륭한 안내자를 두었다 한들 그를 따르기는커녕 쳐다보지도 않는다면 그 불행이 얼마나 어처구니없는가?
 종교인이라고 해서 모두가 행복한 인생은 아닌 까닭이 여기에 있다.

한 번 문지를 때마다 그렇게
투덜거리면
어떻게 네 거울을 닦으란 말이냐?

아프냐?
참아라. 주인님께서 지금 당신 거울을 맑게 닦으시는 중이다.

누구든지 안에서 말썽부리는
자기自己가 죽었으면
해와 구름이 그에게 복종한다.
그의 중심이 사랑과 지식으로
불타오르면
해가 그를 태우지 못한다.

⤳

자기가 죽은 자는 하나님 안에 살아 있고 하나님이 그 안에 살아 계신 자다. 구름과 해가 어찌 그를 거역할 수 있으랴?

수천 수만 해들suns보다 더 뜨겁고 환한 사랑을 중심에 모셨거늘, 해 따위가 어찌 그를 태울 수 있으랴?

하찮은 미물 앞에 고개 숙여라. 그 길밖에 다른 길이 없다.

하나님의 통일성을 배워 안다는 것은 무엇인가?
한님the One의 현존 안에
너 자신을 소멸시키는 것이다.
낮처럼 밝고자 하느냐?
'나'라는 존재의 밤을 불살라라.
모든 것의 모든 것인
'존재the Being'에 녹아들어라.
'나'와 '우리'에 집착하는 이분법이
너를 파멸시킨다.

❧

하나님을 안다는 것은 하나님을 아는 '나'가 사라져 없어진다는 뜻이다. "내가 하나님을 알았다"고 말할 자가 있을 수 없는 까닭이 여기에 있다. 이미 없어진 자가 새삼스레 무슨 말을 할 것인가?

부정否定의 길밖에는 최후의 긍정에 도달할 다른 길이 없다. '나'라는 물건이 여기 따로 있다는 착각을 깨뜨리는 길밖에는 참된 '나'에 도달할 다른 길이 없다.

전쟁터에서 사자獅子 발꿈치를 따라다니는 자에게는 밤이고 낮이고 불고기가 떨어지는 법이 없다.

✌

그러니 줄을 잘 서라는 얘기다.

밤낮으로 얻어맞는 까닭은 주먹대장을 따라다니기 때문이요, 밤낮으로 배고픈 까닭은 거지대장을 따라다니기 때문이다.

그분의 얼굴 말고는
모든 것이 소멸한다.
그 얼굴을 갖기 전에는
존재하려고 애쓰지 말아라.

❧

 그대 육신이 때가 되어 소멸하는 것은 그대 육신이 그분의 얼굴이 아니기 때문이다. 그대 육신이 소멸되어도 그대가 남아 있는 것은 그대가 그분의 얼굴이기 때문이다.
 그대가 그분의 얼굴임을 모르면 아직 그대는 그 얼굴을 갖지 못했다. 존재하려고 애쓸 것 없다. 소용없는 짓이다.
 그대가 그분의 얼굴임을 알았으면 그대는 이미 그 얼굴을 가졌다. 존재하려고 애쓸 것 없다. 공연한 짓이다.

예언자들과 성인들에게는 저마다
그의 길이 있다.
그러나 모든 길이 하나님께 닿아 있다.
모든 길이 참으로 한 길이다.

❦

공자에게는 공자의 길이 있었고, 소크라테스에게는 소크라테스의 길이 있었다.

무함마드에게 석가모니처럼 살라고 했다면 예언자가 되지 못했을 것이다.

저마다 독특하게 자기 길을 걸어서 성인들이요 예언자들이다.

그러나 강들이 저마다 다른 방향, 다른 모양으로 흘러도 바다에서 만나 하나로 되듯이, 세상 모든 예언자들과 싱인들의 인생 또한 제각기 달라도 마침내는 하나님께 이르러 하나가 된다. 저들의 목표가 한결같이, 이름도 형체도 없는 하나님을 향하고 있기 때문이다.

오, 하나님
말이나 문자에 담겨지지 않는
그곳을 영혼에게 보여주소서.
그리하여 순수한 영혼으로 하여금,
우리 모두를 먹여 살리는
무아無我의 드넓은 경지로
곧장 나아가게 하소서.

❦

사람의 말과 글로 담는 건 관두고 그려낼 수조차 없는 경지가 있다. 우리 모두 거기서 나는 양식을 먹고 살아간다.

그곳을 보여달라는 말은, 어디 보이지 않는 데 따로 두었던 것을 가져다가 보여달라는 말이 아니라 처음부터 눈앞에 있는 그것을 볼 수 있도록 눈을 열어달라는 말이다.

그렇게 해서 밝아진 눈으로 순수한 영혼들은 곧장 무아의 경지를 향해 나아간다. 바다에 끌려 바다로 들어가는 강물처럼.

사람 마음이 좁은 까닭은
그 마음이 여러 갈래로 복잡해서다.
감각들은 사방팔방으로 달려간다.
통일된 세계는 감각 너머에 있다.
하나되기를 원한다면, 그 방향으로 나아가거라.

❦

　모든 사물이 생겨나고 사라진다. 모든 향기, 모든 소리가 생겨나고 사라진다. 그것들을 보는 눈도, 맡는 코도, 듣는 귀도 생겨나고 사라진다. 그래서 인간의 감각은 덧없는 것들이다. 그러나 그 모든 것을 있게 하고 없게 하는 '하나' 또는 '전체'는 언제나 변함없이 거기에 있다. 그 '하나'와 하나되려면 감각의 울타리를 넘어야 한다.

　모든 강들이 하나인 바다를 향해 흘러간다. 바다 가까이 갈수록 깊어지고 넓어진다.
　사람도 하나님께 가까이 갈수록 그만큼 깊어지고 그만큼 넓어진다.

재난의 때를 대비하여
사전 준비에 빈틈이 없는
지혜로운 사람은
친구의 죽음에서 경고를 듣는다.

․

 며칠 전, 벗의 무덤을 찾아갔다. 둘러선 사람들이 모두 열하나였다. 저들 가운데 누가 다음 차례로 평생 입던 단벌 옷을 벗어 흙에 묻고 돌아갈까 둘러보다가, 그게 바로 나일 수 있겠다는 생각이 들었다.
 한 순간이라도 아무렇게나 보내서는 안 되겠다는 생각이 꼬리를 물었다.

그분의 빛 앞에서 네 중심을 자세히 살펴
네 생각이 너를 부끄럽게 하지 못하도록 하여라.
깨끗한 우유 속의 머리카락을 보듯이
그분은 네 잘못과 견해와 욕망을 지켜보신다.

버릇처럼 떠오르는 '익숙한 생각들'에 인생을 맡기지 말고, 그대 생각들을 자세히 살펴보아, 자신을 부끄럽게 하는 생각들이 있거든 그것들을 편들지 말라는 얘기다.

그것들을 없애려고 짓누르거나 두드려 부수는 일은 어리석은 짓이다. 짓밟고 미워할수록 더욱 거센 생명력으로 자라는 것은 채소밭의 잡초만이 아니다.

마음이 맑게 비어 있는 사람은
보이지 않는 분의 모습들을 비추는 거울이다.
"성실한 자들은 성실한 자들의 거울"이기에
그분은 우리의 가장 깊은 생각을 꿰뚫어보신다.

※

예수라는 거울 앞에 서면 하나님의 아들/딸 아닌 사람이 없고, 부처라는 거울 앞에 서면 깨닫지 못한 사람이 없다.

이 말이 의심스럽거든, 그대 눈 대신 예수 눈으로 사람을 보고 부처 눈으로 세상을 봐보아라.

성실한 자들 눈에는 성실한 자들의 모습만 비친다.

"마음이 깨끗한 사람은 복이 있나니 저가 하나님을 볼 것이다."(예수)

마음이 깨끗한 사람은 하나님을 보기만 하는 게 아니라 하나님을 (세상에) 보이기도 한다.

빈손으로 친구 집에 가는 것은
밀 없이 방앗간에 가는 것과 같다.

✌

밀을 가지고 방앗간에 간 사람은 밀가루를 가지고 집으로 돌아올 것이다.

친구 집이 아니라 어디를 가든, 거기서 무슨 좋은 것을 얻고자 하거든 먼저 그 좋은 것을 가져다주어라.

없는 밀로 밀가루를 만들어주는 방앗간은 이 세상에 없다.

빛을 보는 감각을 얻으려거든
태아처럼 굼틀거려라.

～

 태아는 열 달 동안 깜깜한 엄마 뱃속에서 쉬지 않고 몸을 움직인다. 그래서 마침내 밝은 빛의 세계로 태어난다.
 어둠 속에서 움직이지 않는 태아는 밝은 세상에 나와도 빛을 보지 못한다. 태어나기 전에 죽었기 때문이다.

모든 반대는 그것의 반대가 있어서 입증된다.
꿀이 달콤한 것은 식초가 있어서다.

࿐

 단맛을 있게 하는 것은 쓴맛이다. 달콤한 승리를 있게 하는 것은 쓰디쓴 패배다.
 올림픽에서 금메달 하나를 만드는 것은 무수한 노메달들이다.
 공정한 게임이라면, 금메달에게 주는 만큼의 박수와 상금을 노메달들에게도 주어야 한다. 그러나 얼마나 다행인가? 그 동안 역대 올림픽은 공정하지 않았고, 덕분에 아직 지구의 금이 바닥나지 않았다.

영광의 주인님을 향해 날아오르지 않는 자들이
저마다 자기가 완벽한 줄로 안다.
오, 자만하는 자들이여.
자기가 완벽한 줄로 아는 것보다
더 고약한 영혼의 질병이 없느니.
자만이 떨어져 나가기까지는
가슴과 눈에서 많은 피를 흘려야 한다.

✌

"나는 이 희망을 이미 이루었다는 것도 아니고 또 이미 완전한 사람이 되었다는 것도 아닙니다. 다만 그것을 붙들려고 달음질칠 뿐입니다."

이 한 마디 고백 덕분에 그 사람 미완未完의 바울로는 오늘도 우리들 곁에 살아 있다.

오염된 물로 똥을 씻어낼 수 있을까?
인간의 지식으로 인간의 무지를 없앨 수 있을까?
칼이 칼자루를 장식할 수 있을까?
가서, 상처를 의사한테 맡겨라.
상처가 말끔히 낫기까지는
파리들이 상처 주변에 계속 꾈 것이다.
네 이기적인 생각들, 무엇을 소유하려는 마음이
바로 그 파리들이다.
상처는 네가 스스로 만든 어두운 구멍이다.

마루걸레로 안경을 닦을 수는 없는 일이다.
상처는 내가 냈지만 치료는 의사에게 맡겨야 한다.

안개처럼 피어오르는 탐욕을 없애려고 허둥거리지 말고 의사를 찾아가 몸을 맡겨라. 의사는 멀리 있지 않다.

하나님은 명성을, 천 근 쇳덩이처럼
무겁게 만드셨다.
참으로 많은 사람이 그 보이지 않는 사슬에
묶여 있구나!
교만과 불신이 회개의 문을 막고 있어서
그 안에 갇힌 자는 한숨조차 쉴 수 없다.
하나님께서 이르셨다.
"우리가 그들 목에 무거운 사슬을 걸어놓고
억지로 고개를 들게 하였노라."
우리 목에 걸려 있는 명성의 사슬은
바깥 어디에서 온 게 아니다.

✜

명성을 얻은 것 자체가 잘못은 아니다. 이름을 얻고 나서 겸손한 마음과 하나님 경외하는 마음으로 회개하지 않는 것이 잘못이다.

공성명수신퇴功成名遂身退가 천지도天之道라, 공을 이루고 이름을 얻었거든 몸을 뒤로 빼는 것이 하늘의 길이라고 했다.(《노자》 9장)

너의 세상 애인이
거룩하신 이 얼굴을 가리고 있다.
너의 세상 안내자가
영의 참된 안내자보다 큰 소리로 말한다.
하나님께 굴복하고자 하는 자들은 많으나
명성과 교만과 끝없는 욕망이
저들의 발을 묶고 있구나.

✦

 눈에 보이는 것들이 눈을 멀게 하여 정작 보아야 할 것을 보지 못하게 한다.
 귀에 들리는 소리가 귀를 먹게 하여 정작 들어야 할 소리를 듣지 못하게 한다.

 하나님 이름 부르는 것을 직업으로 삼은 자들은 많으나 헛된 명성과 터무니없는 교만과 끝없는 욕망의 사슬이 저들의 발을 묶고 있구나. 차라리 그 길에 들어서지나 말 것을!

기운을 내어라.
"용서하기를 좋아하시는 이여,
우리를 용서하소서" 하고
부르짖는 자에게 달려오시는
그분께 도움을 청하여라.

༺

 잘못을 저질렀다고 해서 낙담할 것 없다. 그분은 그대가 그럴 줄 진작부터 아셨고, 그대가 용서를 빌 때 즉시 용서하는 기쁨을 맛보려 기다리고 계신다.
 잘못을 저질렀을 때가 오히려 그분께 더욱 가까워질 수 있는 기회임을 잊지 말아라.

오, 형제여.
하나님의 사랑스런 성자^{聖者}로부터
지혜가 흘러나와 네 속으로 들어가고 있다.
너는 다만 그것을 빌렸을 뿐이다.
비록 네 가슴의 집안이 환하다 하나
그 빛은 밝은 이웃으로부터 빌려온 것이다.
거만하게 굴거나 자기 도취에 빠지지 말고
오직 감사하여라.
이 빌려온 상태가 종교 집단을
종교에서 멀어지게 하는 것은 슬픈 일이다.

༄

종교로 말미암아 종교에서 멀어진 종교 집단들!
참으로, 슬픈 일이다

나는, 모든 간이역에서
하나님과 만찬을 같이 했다고
주장하지 않는 사람의 충실한 노예다.
네가 집에 도착하기까지는
많은 여관을 뒤에 남겨두어야 한다.

↜

하나님과 만찬을 함께 했다는 말은 갈 데까지 다 갔다는 말이다.

사람이 육신을 입고 살면서 갈 데까지 다 갔다고 스스로 생각한다면, 그것은 무지 혹은 거짓이다.

"여기다!" 하고 생각되는 곳이 있으면 거기가 당장 떠나야 할 곳임을 유념할 필요가 있다. 그렇게 살아가는 사람이 겸손하지 않을 방도가 없다.

독선적인 사람이 죄인을 보면
그 안에서 지옥의 불길이 타오른다.
그 지독한 자만을 본인은,
종교 수호의 열정이라고 부른다.
자신의 교만한 영혼에는 눈길도 주지 않고서.

✦

 죄지은 사람에 대하여 분노하는 자들의 독선獨善을 경계하여라. 저들의 가슴에 타오르는 불길은 지옥에서 발화된 것이다.
 진리 수호 또는 교리 수호의 깃발을 만들어 휘두르는 자들에 의하여 수호되는 것은 진리도 아니고 교리도 아니고 저들의 교만한 독선이다.
 보살은 죄인 앞에서 다만 슬퍼하고 아파할 따름이다.

많은 사람이 경건한 행위를 하면서
그에 대한 보상을 기대하고
가슴을 앞으로 불쑥 내민다.
그것이야말로 숨은 죄악이다.
경건주의자들이 깨끗하다고 생각하는
그것이 진짜 더러운 것이다.

❧

경건은 좋다. 경건주의는 고약하다.
스스로 겸손하다고 생각하면서 고개를 숙이느니 스스로 교만하다고 생각하면서 고개를 세우는 것이, 적어도 자기 기만의 죄목 하나 줄어든 만큼은 덜 고약하다.

하나님에 중독된 자들만 빼면
모두가 어린아이다.
욕망에서 자유로운 자들만 빼면
아무도 어른이 아니다.

✒

 중독되었다be intoxicated는 말에 걸려서 "하나님에 중독된 자들"을 좋지 않게 읽으면, 루미의 진심을 놓친 것이다. 하나님에 중독되었다는 말은 하나님 없이는 한 순간도 살 수 없도록 하나님에 잡혀 있다는 뜻이다. 알코올 중독자가 알코올 없이는 한 순간도 견디지 못하듯이.
 하나님께 중독된 자들만이 비로소 어른이요 어른만이 스스로 욕망에서 자유로울 수 있다.

"책 궤짝을 등에 진 나귀 같다"고
하나님께서 말씀하셨다.
그분께로부터 오지 않은 지식은 무거운 짐일 뿐이다.
여자들 화장처럼, 오래 가지 않는다.
네가 짐을 제대로 옮길 때
그것이 너한테서 부려지고
그 자리를 영적 기쁨이 대신 차지할 것이다.
조심하여라! 이기심으로 짐을 지지 말아라.
자신을 잘 다스려라. 길들여진 말을 타고
높은 곳으로 올라가거라.
네 어깨에서 짐이 부려지게 하여라.

✼

 짐에는 짐마다 목적이 있다. 그 목적을 이룰 때 짐은 더 이상 짐으로 남지 않게 된다. 많이 아는 것은 좋다. 그러나 그것을 길들여진 말처럼 타고서 더 높은 곳으로 올라가지 않는다면, 그 좋은 만큼보다 더욱 나쁜 것이 인간의 지식이다.
 평생 쌓은 지식의 무게에 짓눌려, 세상과 더불어 자유롭고 평화롭게 살아가는 길을 한 발짝도 나아가지 못한다면 학위가 열 두 개나 된들 그런 허탈과 비참이 어디 있으랴?

자아의 겉모양을 닦아내고
네 순수한 자아를 바로 보아라.
책도 없이 선생도 없이
네 중심 안에서
예언자들의 모든 학문을 보아라.

․

하나님께서 예언자들에게 주신 학문이 "예언자들의 모든 학문"이다. 예언자들은 그것을 자기 중심에 담아두었다.

그대의 중심은 곧 예언자들의 중심이다. 하나님이 지으신 세계에서 '중심'은 하나밖에 없기 때문이다.

그대 중심으로 들어갈 때, 거기서 순수한 자아를 만나고 모든 예언자들의 학문을 읽게 된다.

그대 중심의 문간에 이르면, 선생하고도 책하고도 헤어서야 한다. 거기는 혼자서만 들어갈 수 있는 곳이기 때문이다.

네 중심의 거울에 경계가 없음을 알아라.
그것을 아는 지식이
침묵으로 떨어지거나
너로 하여금 길을 잃게 하는 것은
네 중심이 하나님과 '함께' 있거나
네 중심이 곧 하나님이기 때문이다.

✼

 자기 중심에 경계가 없음을 알았다는 말은 자기에 대하여 알아야 할 만큼 알았다는 말이다. 자기에 대하여 알아야 할 만큼 알았다는 말은 하나님에 대하여 알아야 할 만큼 알았다는 말이다.
 알아야 할 바를 다 알면 침묵하거나 길을 잃는다. 길을 잃는다는 말은 하나님 안에서 실종됨을 뜻한다. 하나님 안에서 실종된 자는 마침내 하나님과 하나된 자다.
 내가 먹은 콩 한 알이 내 속에서 길도 잃고 말도 잃고 완전 소화되어 저는 없어지고 나로 되듯이.

거울 같은 가슴을 지닌 사람들은
냄새와 색깔에 의존하지 않고
순간 속에서 아름다움을 본다.
그들은 지식의 조개 껍질을 깨뜨려 벌리고
분명함을 보는 눈의 깃발을 들어올린다.
생각은 섬광 속에 사라진다.

↜

냄새도 색깔도 덧없이 사라져간다. 생각도 섬광 속에 사라져간다. 거울같이 맑은 가슴의 사람은 덧없는 것들에 의존하지 않는다.

아름다움이 깃들 곳은 '순간' 뿐이다. 순간만이 실재하는 유일한 '곳'이기 때문이다.

지식은 조개 껍질 같은 것, 그것들이 깨어져야 속에 감추어져 있던 보물, 진주가 빛을 뿜는다.

가슴 맑은 사람들이 지식의 껍질을 부수고 그 속에 숨겨져 있던 보물을 깃발처럼 높이 들어올린다. 덕분에 세상은 아직 살 만한 곳이다.

모두들 죽음을 겁낸다.
그러나 진짜 수피들은 웃는다.
그 어떤 것도
그들의 중심을 제압하지 못한다.
굴 껍질 깨는 망치는
진주에 상처를 입히지 않는다.

꽃

"나는, 불자佛者로서, 죽음을 하나의 정상적인 과정으로 여깁니다. 내가 몸을 입고 이 땅에 살고 있는 한, 언제고 반드시 겪어야 할 일이지요. 그것을 피할 수 없다는 사실을 알고 있으니, 그것에 대하여 따로 근심할 이유가 없습니다. 나는 죽음을 어떤 종국終局으로 보기보다는, 낡아서 입을 수 없게 된 옷을 바꿔 입는 것과 같다고 생각합니다. 그래도 죽음은 예측할 수가 없지요. 언제 어떻게 그것이 찾아올는지 우리는 모릅니다. 그러니 막상 죽음이 닥치기 전에 미리 미리 준비해 두는 것이 그나마 현명한 태도라 하겠습니다." (달라이 라마)

"내가 이제 심오한 진리 하나를 말씀드리겠습니다. 우리는 죽지 않고 모두 변화할 것입니다." (바울로)

사람 몸은, 어머니처럼,
영아靈兒를 잉태하고 있다.
죽음은 해산의 진통이다.
그 자랑스런 아이가
어떻게 태어나는지 보려고
먼저 간 영들이 기다리고 있다.

✌︎

나는 루미의 말을 믿는다. 내가 죽는 날이 곧 내 생일이다. 그날을 향해 나는 매일 죽어가고 있다. 60년 전, 엄마 뱃속에서 열 달 동안 그랬듯이.

그대는 이 말이 헛소리로 들리는가? 그러면 웃어도 좋다. 그러나, 내가 이 말을 믿는다 해서 사회 질서가 흔들리거나 조국의 분단 상태가 고착되거나 과학 문명이 붕괴될 위험에 처할 까닭이 없으니, 나를 웃는 건 좋지만, 나를 말리거나 막지는 말아라.

나는 내 몸 속에서 굼틀거리는 영아spirit-child가 나보다 더 소중하다.

예언자가 이르셨다. "손가락 하나만
눈 위에 얹어도 해 없이 세상을 볼 수 있다.
손가락 하나가 달을 가린다.
이는 하나님의 덮으심이 어떤 것인지를 보여주는
상징이다. 작은 점 하나로
온 세상이 감추어질 수 있다.
사금파리 하나로 해가 어두워질 수 있다."
입 다물고 네 안에 있는 바다를 응시하여라.
하나님은 그 바다를,
인간에게 복종하도록 만드셨다.

사금파리 하나로 해를 어둡게 하기는 이토록 쉬운데 어찌하여 그 사금파리 하나를 눈에서 벗겨내기는 이토록 어려운 것인가?

네 두 눈이 마음의 통제를 받고
정신의 명령에 복종하듯이
다섯 가지 감관感官 모두
마음이 이끄는 대로 움직인다.
손과 발 또한
모세 손에 들린 지팡이와 같다.
마음이 뜻을 세우면
발은 즉시로, 결핍에서 풍요를 향해
춤추기 시작한다.

↜

 손발이 말을 듣지 않는다는 말은 몰라서 하는 말이다. 마음이 먼저 손발에게 말을 듣지 말라고 시키지 않았는데 손발이 스스로 알아서 말을 듣지 않는 그런 법은 없다. 모든 것이 마음의 작용이다. 다만 그 작용이 너무 빠르거나 너무 미세해서 미처 그런 줄을 모르는 경우가 있을 뿐이다.

 지금이라도 빈곤에서 풍요로 춤추며 나아가고 싶거든, 마음으로 뜻을 세워라. 단, 진심이어야 한다.

결혼하고 싶은 상대가 있으면, 그가 누구든
가서 그에게 너 자신을 흡수시키고
그의 겉모습과 속내용을 네 것으로 삼아라.
빛을 원한다면
빛을 받아들일 준비를 갖추어라.
만일 하나님한테서 멀어지기를 원한다면
네 이기주의를 키우고
너 자신을 부추겨 세워라.
이 무너진 감옥으로부터 벗어나는 길을 찾으려거든
사랑받으실 분한테서 고개를 돌리지 말고
절하여 예배하며 가까이 다가가거라.

❧

끌어들이려 애쓰지 않아도 스스로 들어오는 것이 빛이다.

어둠은 발이 없어서 빛 속으로 들어갈 수 없지만, 빛은 광속으로 빠른 발이 있어서 커튼이 걷히는 것과 동시에 어둠 속으로 들어가 그 동안의 어둠을 밝음으로 바꾼다.

감옥에서 나온 다음에 하나님 경배하려 하지 말고, 먼저 하나님께 예배하며 다가가거라. 그러면 감옥에서 나올 것이다. 그게 순서다.

비존재非存在로 되는 것이 무서워
떨고 있는 너 자신을 보아라.
그리고, 비존재 또한
하나님이 존재로 되게 하실 것이
무서워 떨고 있음을 알아라.
네가 만일 세속의 위엄에 집착한다면
그 또한 두려움에서 오는 것이다.
지극히 아름다우신 분의 사랑 말고는
모든 것이, 죽음을 향해 움직이고
생명수를 마시지 않는, 번뇌다.

～

무無로 되는 것이 무서운 까닭은 유有에 집착하기 때문이요, 유有로 되는 것이 무서운 까닭 또한 무無에 집착하기 때문이다.

잡지 않은 것을 놓칠까봐 두려워할 까닭이 없다.

격심한 욕망은
채워줌으로써 꺼버릴 수 없다.
먹이지 않고 굶길 때, 그것은
비로소 시들어진다.
네가 장작을 던져 넣는 한, 불은
계속 타오를 것이다.
더 이상 땔감을 공급하지 않을 때
불은 꺼지고
하나님은 물을 부어주신다.

✦

  그대가 그대 욕망의 불에 땔감 대어주기를 그치지 않는 한, 하나님은 한 방울의 물도 부어주시지 않는다. 그대가 그대를 돕지 않는데 하나님이 나서서 그대를 도우리라고 생각하지 말아라. 그런 하나님은 공상 과학 만화 속에도 없다.

비록 세계가 십팔만 사천 개를 넘는다 해도
모든 눈이 다 그것들을 볼 수 있는 건 아니다.
원자들마다 거기서
하나님을 뵐 수 있지만,
그러나 그것이 열리지 않는 한
누가, "저기 문이 있다"고 말할 것인가?

내가 뒤뜰의 감나무를 지금 보는 것은 감나무가 먼저 거기에 제 모습을 드러냈기 때문이다.

내가 알았다, 내가 보았다, 내가 얻었다—고 말하지 말아라. 알려주지 않은 것을 어찌 알고, 보여주지 않은 것을 어찌 보며, 주지 않은 것을 어찌 얻겠는가?

눈이 있어서 보는 게 아니라, 보여주시니까 보는 것이요 보여주시는 만큼 보는 것이다.

분노는 왕들의 왕이다. 그러나
굴레만 씌우면
충실한 하인이다.

❧

 사람이 화를 내는 것은 아직 살아 있다는 표시다. 축하할 일이다.
 그러나, 그것을 다스리지 못할 때에는 자기 감정의 노예가 되어 패가망신도 마다하지 않으니 그런 낭패가 없다.
 화가 나면 아직 살려주신 하나님께 감사할 일이나, 과연 그대 분노에 고삐가 매여 있는지, 그것이 참으로 문제다.

 화를 내지 못하는 것보다는 화를 내는 것이 낫고, 화를 다스리지 못하는 것은 화를 내지 못하는 것보다 더 나쁘다.
 화禍가 본인에게만 미치는 게 아니기 때문이다.

밤이 낮의 일을 지워버리면,
타성惰性은 마음을 재충전한다.
그러다가 낮이 밤을 지워버리면
타성은 빛 속에서 사라진다.
비록 우리가 어둠 속에 잠들어 쉰다 해도
그 어둠에 생명수가 담겨 있지 않는가?
어둠 속에서 새 기운을 차려라.
침묵의 순간이
목소리에 아름다움을 되찾아주지 않는가?
반대는 반대를 통해서 드러나는 법.
중심의 캄캄한 핵에서
하나님은 사랑의 영원한 빛을 만드셨다.

 낮의 타성은 밤이 되어도 일하고, 밤의 타성은 낮이 되면 사라진다. 우리가 이 어두운 세상에서 무엇인가를 하고 있음은 이보다 밝은 곳에서 몸에 익은 타성이 재충전되어 새 기운을 얻는 것이요, 만일 죽어서 더 밝은 세상으로 간다면 이 세상에 있는 동안 몸에 익은 타성은 모두 사라질 것이다.

그분께만 고칠 힘이 있으시니
그분께만 부술 권리가 있으시다.
하나로 꿰맬 줄 아시는 이가
찢어놓을 줄도 아신다.
무엇을 파시든지 그분은
그보다 좋은 것으로 바꿔 사신다.
그분은 집을 두드려 부수시고
한순간에 그보다 더
안락한 집으로 만드신다.

❧

 그분은 당신 자녀들에게 더 좋은 것으로만 주신다. 나쁜 것은 주실 줄 모르신다.
 삶을 주신 분이 죽음도 주신다. 삶이 좋은 것이면 죽음은 더욱 좋은 것이다. 오늘이 행복한 날이면 내일은 더욱 행복한 날이다.
 안심하여라. 하나님이 지으신 세상에 더 나빠지는 것은 없다.

해설 1
루미의 생애

페르시아 사람들과 아프가니스탄 사람들은 루미를 '젤랄룻딘 발키Jelaluddin Balkhi'라고 부른다. 그는 1207년 9월 30일, 당시 페르시아 제국의 영토였던 아프가니스탄 발크에서 태어났다. '루미Rumi'는 '로마 아나톨리아에서 온 사람'이라는 뜻이다.

1215년에서 1220년 사이, 그의 가족이 몽골 군대의 침공을 피해 터키 코냐로 이주할 때까지, 물론 그의 이름은 세상에 알려지지 않았다. 아버지인 바하웃딘 왈라드Bahauddin Walad는 신학자에 법학자에 신비가이기도 했다. 일기처럼 쓴 명상록, 메모, 자신이 체험한 신비로운 사건들, 설교문들을 한데 묶어 펴낸 그의 책 《마아리프*Maarif*》는, 자기가 하나님과 하나되었다고 주장함으로써, 그를 이해하려고 애쓰던 당시 보수적 학자들에게 충격을 안겨주었다.

루미는 아버지의 제자였던 부르하눗딘 마하끄한테 아버지의 비밀스런 내면 생활에 대하여 배우며 자랐다. 부르한과 루미는 사나이Sanai와 아따르Attar도 공부했다.

아버지가 사망하자 루미는 코냐의 탁발승 공동체에서 아버지 뒤를 이어 세이흐sheikh(선생, 교수) 자리에 앉았다.

1244년 늦은 가을, 한 나그네로부터 낯선 질문을 받기 전까지만 해도 그의 인생은 가르치고 명상하고 가난한 사람을 돕는 평범한 종교학자의 삶이었다. 그 나그네가 바로 방랑하는 탁발승 타브리즈의 샴스Shams of Tabriz였다. 샴스는, 누가 과연 나의 도반이 될 수 있을 것인가를 물으면서 중동 지역을 떠돌아다니고 있었다. 그의 질문에 한 음성이 반문했다. "너의 도반을 만나면 그에게 무엇을 주겠느냐?" 그가 대답했다. "내 머리를 주겠소!" 음성이 대꾸했다. "네가 찾는 자는 코냐의 젤랄룻딘이다."

샴스가 던진 질문에 유식한 교수 루미는 그 자리에서 기절하여 땅바닥에 쓰러졌다. 우리는 그 질문이 무엇이었는지 정확하게 모른다. 그러나 가장 믿음직한 자료에 따르면, 샴스가 루미에게 던진 질문은 예언자 무함마드와 바스따미Bastami(?~874, 엄격한 금욕주의자로 북이란 산악 지대와 사막에서 유랑 생활을 한 수피) 가운데 누가 더 큰 존재냐는 것이었다고 한다. 바스따미는 "얼마나 위대한가, 내 영광이여!"라고 말한 반면, 예언자 무함마드는 하나님께 기도 드리면서 "우리는 당신을 알아야 할 만큼 알지 못하나이다"라고 고백했는데, 과연 바스따미가 무함마드보다 큰 존재냐 아니냐를 물었던 것이다.

루미는 그 질문이 암시하고 있는 깊이에 놀라서 땅바닥에 쓰러졌다. 이윽고 루미는, 바스따미는 신성神性을 한번 꿀꺽

삼키고 거기에 멈추었지만 무함마드에게는 그 길이 항상 펼쳐져 있었기 때문에 바스따미보다 무함마드가 더 큰 사람이라고 대답했다.

두 사람의 첫 대면에 대하여는 여러 가지 설이 있다. 그러나 사실이 어떠했든, 샴스와 루미는 떨어질 수 없는 사이가 되었다. 그들의 우정은 인류 역사상 가장 신비로운 인간 관계들 가운데 하나였다. 몇 달 동안 다른 아무 일도 하지 않고 순수한 대화의 세계에 빠져들었다.

그러나 그들의 황홀한 관계는 다른 사람들에게 견디기 힘든 일이었다. 누구보다도 루미의 제자들이 불만스러워했다. 분위기가 좋지 않은 것을 눈치채고 어느 날 샴스는 처음 나타났을 때처럼 홀연히 사라졌다. 40년 가까이 루미의 저술을 연구해 온 안네마리 쉼멜은, 샴스가 이렇게 자취를 감추었을 때 루미는 신비로운 예술가로 변신하기 시작했다고 말한다. "그는 그 때부터 시인이 되어 몇 시간씩 서성거리면서 음악에 귀를 기울이고 스스로 노래하고 시를 읊기 시작했다."

샴스가 다마스커스에 있다는 소문이 들려왔다. 루미는 아들 술탄 벨레드를 시리아로 보내어 친구를 코냐로 데려오게 했다. 샴스와 루미가 재회했을 때 두 사람은 서로 상대의 발 앞에 몸을 던져 말 그대로 "사랑하는 자가 누구이고 사랑받는 자가 누구인지 아무도 모르게" 되었다.

샴스는 루미 집안에 머물면서 루미가 데려다 키운 젊은 처

녀와 혼인을 맺었다. 다시 두 사람 사이에 신비스런 대화 sohbet가 시작되었고, 주변의 시기와 질투도 갈수록 커졌다.

1248년 12월 5일 밤, 루미와 이야기를 나누던 샴스를 누가 불러냈다. 샴스는 문 밖으로 나갔고, 그 뒤로 두 번 다시 그의 모습을 볼 수 없었다. 루미의 아들 알라에딘의 묵인 아래 살해당했을 가능성이 가장 높다. 어쨌든 이로써 샴스는 자신의 도반에게 머리를 내어주겠다는 자신의 서약을 지킨 셈이다.

친구의 실종은 루미의 세계를 먹구름으로 덮어버렸다. 이번에는 스스로 샴스를 찾아 다마스커스로 갔다. 거기에서 그는 깨닫게 된다.

어째서 나는 그를 찾고 있는가?
내가 바로 그인데.
그의 중심이 나를 통해서 말한다.
내가 나를 찾아 헤매었구나!

바야흐로 두 사람의 합일이 완성되었다. 마침내 친구 속에서 완전한 실종 fana(멸절)을 이룬 것이다. 샴스가 루미 안에서 시를 지었다. 루미는 그것들을 한데 모아 《타브리즈의 샴스 시집》이라고 제목을 달았다.

샴스가 죽어 루미와 한 몸이 된 뒤, 루미에게는 금세공 장인 匠人 살라딘 자르쿱이라는 새 도반이 생겼다. 루미는 살라딘에게 시를 써서 바쳤다. 샴스에게 준 것만큼 격렬하지는 않지만, 고요하고 부드러운 시편들이었다.

살라딘이 죽자 루미의 아끼는 제자이자 서사書士인 후사멧딘 첼레비Husameddin Chelebi가 그 자리를 대신했다. 죽기 전까지 12년 동안 루미는 그가 쓴 걸작 시편을 여섯 권으로 묶어 후사멧딘에게 주었다. 그것이 《마드나위*Madhnawi*》('영적 연구靈的聯句' 라는 뜻)다.

1273년 12월 17일, 루미는 마지막 숨을 거두었다.

—Coleman Barks

해설 2
루미의 유산

현대 문학계와 영성계에 가장 인기 있는 목소리를 들려주고 있는 루미라는 인간은 도대체 누구인가? 그가 우리의 감수성을 이토록 울리면서 다가오고 있는 까닭은 무엇인가? 우리의 어떤 결핍을 그가 채워주고 있는 걸까? 우리의 어떤 상처를 그가 치료해 주고 있는 걸까? 13세기 이슬람의 한 수피가, 시에도 영성 수련에도 별 관심 없다고 말하는 수많은 이들의 사랑을 받는 까닭은 무엇일까? 사원에서, 학교에서, 카페에서, 할리우드의 스튜디오에서, 사람들이 루미를 읽고 루미를 인용하는 이유가 어디 있을까?

그가 모든 시대를 통틀어 가장 위대한 문학인들 가운데 하나임은 의심할 나위 없는 사실이다. 발칸을 기점으로 터키, 이란을 거쳐 파키스탄과 인도에 이르기까지 이슬람 문화권에서 그는 많은 사람의 사랑을 받고 있다. 그가 남긴 저술에는 여섯 권으로 된 《마드나위》와 방대한 양의 서정시 모음(가젤과 루바이야트)들이 있는데, 《마드나위》는 풍요한 애깃거리들과 유머와 영적 가르침들로 짜여진 연구聯句들을 모아놓은 루미의 걸작이다.

루미의 생애에 있어서 가장 큰 중추적 사건은 역시 수수께 끼 같은 방랑자, 타브리즈의 샴스와의 만남이었다. 그들의 만남은 루미 안에 있던 창조적 영성에 불꽃을 당겼고, 불길은 루미가 죽는 순간까지 계속 타올랐다. 루미는 샴스에게서 신성神性의 그림자를 보았고, 그와 관계를 유지하는 동안 예측 못할 강력한 힘으로 신성을 경험했다. 루미의 황홀한 시편들에 서는 신과 인간 사이의 경계들이 흐릿해진다. 그러나 수피들은 언제나 종(인간)과 주인(신) 사이의 분명한 차이를 강조해왔다. 이슬람 신비주의 안에는 사람 모양을 한 것이든 나무나 돌로 깎아 만든 것이든 어떤 우상도 용납되지 않는다.

인간의 감각적 사랑과 흥분의 메타포를 끝까지 밀고 나아가는 것이 시적 세계, 특히 송시頌詩와 4행시의 전통이다. 그것들만큼 신성과의 만남을 실감 있게 전달할 다른 수단이 없기 때문이다. 서양 문학 전통에는 인간의 감각과 영성의 합일을 위한 준비가 마련되어 있지 않다. 서양 문화사는 한쪽으로 종교, 다른 쪽으로 문학, 이렇게 두 갈래로 갈라져 흘러왔다. 그런데 이 구분이 이슬람 세계에서는 훨씬 덜 언급되었고, 사실상 존재하지 않았다. 수피들은 청교도적이지도 않았고, 감각적으로 방종하지도 않았다. 그들은 무함마드의 중도中道를 좇아 "세상 안에서 세상에 속하지 않는" 삶을 살았다.

루미에게서 우리는 육과 영, 가슴과 머리, 유한과 무한, 인간과 신성 사이에 있을 수 있는 조화의 모델을 본다. 그는 좁은 뜻의 '종교인'도 아니었고, 신비주의적 에로티시즘의 변호인도 아니었으며, 프로메테우스 계열의 반항아도 아니었다. 정열적이고 황홀한 무아경에 빠져 살아간 '하나님의 사람'이 이슬람 세계의 법을 지키며 한평생 당시의 제도권 안에 머물러 있었다는 사실은 놀랄 만한 일이다.

그는 다른 무슬림들처럼 제 시간에 기도하고 금식도 했다. 그러나 참된 영성의 적인 온갖 위선과 일차원적 '종교'에는 끊임없이 도전했다.

메블라나 젤랄룻딘 루미는 실재Reality의 중심으로 뚫고 들어갔고, 진실Truth의 향과 맛을 가지고 돌아왔다. 그는 위대한 천재 시인이었을 뿐만 아니라, 인간이 다룰 수 있는 가장 중요한 주제인 인간과 신성의 관계, 인간과 진실의 관계를 탐색한 구도자였다. 그의 언어들은 우리를 흥분시키고 감동시키고 미묘하게 이끌어주는 한편 우리로 하여금 마땅히 가서 닿아야 할 곳인 우리의 중심 그 깊은 곳으로 향하게 한다.

그러면서도 루미는 자기 글의 독자들보다 더 높은 자리에 앉으려 하지 않는다. 남다르게 끈질기고 잘 참고 겸손하고 너그러이 용서하는 사람이긴 하지만 그래도 우리와 같은 평범한 인간이다. 자신의 말과 삶을 일치시킨 바로 이 점에 그의 위대함이 있다.

그러나 그의 인간다운 모습과 친근한 성품은 우리로 하여금 그의 생각이 우리네 생각과 같은 수준일 줄로 착각하게 만들

수도 있다. 그렇지 않다. 우리는 저마다 자기가 서 있는 곳에서 출발해야 하고, 루미한테서도 자기가 얻을 만큼 얻을 수 있을 뿐이다. 우리는 이제 비로소 루미 안에 담겨 있는 것들을 이해하기 시작했고, 우리에게 주어진 임무는 그의 통찰과 지혜를 지도地圖삼아서 영적 깨달음과 자기 실현을 향한 길로 계속 나아가는 것이다.

—Kabir Helminski

해설 3
루미와 《마드나위》

지난 20세기 마지막 십여 년 동안, 서양 세계의 다양한 종교를 가진 사람들 사이에서 메블라나 젤랄룻딘 루미Mevlana Jelaluddin Rumi의 정신적 영향력이 돌풍을 일으켰다. 그는 지금 이곳 서양에서, 지난 700년간 중서부 아시아에서 그래왔듯이, 역사상 가장 위대한 시인이자 영적 스승 가운데 한 사람으로 인정받고 있다.

1980년대 이후 나타나기 시작한 여러 새로운 번역물을 통해서 루미의 다양한 모습들이 드러났다. 그것은 세련되어 있으면서 감각적이고, 침착하면서 황홀하고, 심각하면서 익살스럽고, 엄격하면서 정이 흘러넘치는 모습들이었다. 그가 그토록 많은 사람들에게 그토록 다양한 얼굴로 나타날 수 있었음은 그의 세계가 얼마나 깊고 넓었는지를 보여주는 하나의 표지라고 하겠다.

그의 방대한 저술은, 수많은 보석들이 묻혀 있어서 그것들을 캐어낼 광부의 곡괭이를 기다리는 거대한 광산과도 같다.

메블라나 루미는 1207년, 오늘의 아프가니스탄 땅인 발크에서 태어났다. 그가 어린 나이였을 때 가족은 몽골군의 침공을 피하여, 발크를 떠나 당시 셀주크 제국 수도였던 터키, 코냐에 정착했다. 훌륭한 종교학자였던 아버지 바하웃딘은 코냐 대학에서 교수직을 얻었다.

루미의 어린 시절 교육은 아버지 바하웃딘이 맡았다가, 아버지의 가까운 친구인 사이드 부르하넷딘에게로 넘어갔다. 사이드가 친구 아들의 교육을 맡게 된 내력이 흥미롭다. 고향인 발크에 살고 있던 사이드는 어느 날 친구 바하웃딘의 죽음이 임박했음을 느끼고, 그의 아들 메블라나 루미의 종교 교육을 위해서 코냐로 가야겠다고 결심한다. 그가 고향을 떠나 코냐로 왔을 때 루미는 스물 네 살이었다. 사이드는 곧장 엄격한 40일 수련에 들어가 명상과 금식을 통해 "예언자들과 성자들의 학문"으로 루미를 이끌었다. 그의 교육은 9년 동안 계속되었다. 그 동안에 메블라나 루미는 4년 이상 알레포와 다마스커스에 머물며 당시의 저명한 스승들한테서 배웠다.

세월 속에서, 루미의 지식과 하나님에 대한 인식이 함께 자라났다. 마침내 사이드 부르하넷딘은 루미를 가르칠 자신의 임무가 끝난 것을 알고 남은 생애를 은거하기로 마음먹었다. 그는 루미에게 말했다. "아들아, 이제 너는 준비를 마쳤다. 어떤 학파에서도 너와 맞먹을 만한 학식을 갖춘 자를 찾아볼 수 없게 되었다. 너는 지식의 사자다. 나도 사자다. 두 마리 사자가 함께 있을 필요가 없으니 나는 가야겠다. 게다가, 이제 곧 훌륭한 길벗이 너에게로 올 터인데, 너희 둘은 서로를 비춰주는 거울이 될 것이다. 그가 너를 가장 심오한 영적 세계로 이끌 것이고, 너도 그를 똑같이 이끌 것이다. 너희 둘은 서로가 서로를 완전하게 만들어줄 것이며, 온 세상에서 가장 위대한 우정을 나누는 친구가 될 것이다." 이렇게 사이드는, 루미의 생애에 막대한 영향을 미친 타브리즈의 샴스가 올 것을 예견했다.

나이 서른 일곱에 메블라나 루미는 영혼의 방랑자 샴스를 만났다. 두 사람의 관계에 대한 기록은 이미 많이 나와 있다. 샴스를 만나기 전 루미는 저명한 종교학 교수요 탁월한 신비가였는데, 샴스를 만난 뒤로는 영감에 넘친 시인이자 인간에 대한 사랑에 빠진 연인으로 바뀌었다. 루미와 샴스의 만남을 아브라함과 멜기세덱의 만남에 견주면서, 무라트 야간은 말한다. "멜기세덱과 샴스는 근원으로부터 온 메신저들이다. 그들은 깨달음을 받아들일 준비가 되어 있는 자들, 가득 차 있거나 아니면 텅 비어 있는 자들에게 깨달음을 전해 주는 것 말고 아무 일도 하지 않았다. 루미는 가득 차 있는 자였다. 인류를 위해 그는 샴스에게서 전해 받은 메시지를 활용할 수 있었다."

샴스는 타오르는 불이었고 루미는 그 불을 잡았다. 샴스가 루미와 함께 한 기간은 짧았다. 두 사람이 서로에게 완벽한 거울이었음에도 불구하고, 샴스는 두 번이나 종적을 감추었다.

첫 번째로 자취를 감추었을 때에는 루미의 아들 술탄 벨레드가 다마스커스에서 그를 찾아 데리고 왔다. 그러나 두 번째 자취를 감춘 샴스는 그 뒤로 영영 모습을 보이지 않았는데, 그가 루미에게 끼친 영향을 좋지 않게 생각한 사람들 손에 살해당한 것으로 보인다.

샴스를 만나기 전의 루미는 근엄한 지식인이었지만, 샴스를 만나면서 사람이 바뀌더니 결국, "인간들의 영혼을 하나님의 측량 못할 풍요로움과 신성한 삶으로 끌어들이고…… 의미와 사랑으로…… 거짓 세상의 죽은 자들에게 생명을 가져다주리라"는 사이드 부르하넷딘의 예언이 그대로 이루어졌다.

샴스를 만난 뒤로 십 년 넘도록 메블라나 루미는 송시와 영가들을 영감이 떠오르는 대로 지었는데, 그것들을 《디반-이 카비르*Divan-i Kabir*》라는 이름의 방대한 책으로 묶었다. 그 동안 루미는 후사멧딘 첼레비와 깊은 영적 교제를 나누었다. 어느 날 둘이서 코냐 근교의 메람 포도원을 배회하다가 후사멧딘이 평소에 품고 있던 생각을 털어놓았다. "만일 선생님이 사나이*Sanai*의 《일라히나메》나 파리듯딘 아따르*Fariduddin Attar*의 《만티쿠트-타이리》 같은 책을 쓰신다면 수많은 서정 시인들이 들고 다니며 애송할 것입니다. 그들은 선생님 작품으로 가슴을 채우고 곡에 담아 노래를 부르겠지요."

메블라나 루미가 웃으며 터번 속에서 종이 한 장을 꺼내어 펼쳤다. 거기에는 《마드나위》 첫 열 여섯 줄이 적혀 있었다.

갈대에 귀기울여
그가 하는 얘기를 들어보아라.
어떻게 결별을 노래하는지……

후사멧딘은 기쁨의 눈물을 흘리면서 계속 쓰기를 권했다. 메블라나가 대답했다. "첼레비, 그대가 나를 위해서 받아 적기를 해준다면 내가 읊어보겠네." 이렇게 해서 메블라나 루미는 50대 초반에 이 기념비적 작품을 시작했던 것이다. 후사멧딘은 그 과정을 이렇게 묘사하였다. "그는 《마드나위》를 짓는 동안 한 번도 손에 펜을 들지 않았다. 학교든, 온천장이든, 코냐 시내 목욕탕이든, 메람 포도원이든 어디서든 그가 읊으면 내가 받아 적었다. 그가 읊는 속도를 미처 따라잡지 못할 때가 자주 있었고, 어떨 때는 몇 날 며칠을 밤낮으로 받아 적어야 했다. 그런가 하면, 몇 달 동안 한 줄도 읊지 않을 때가 있었고 한 번은 이태를 그렇게 보내기도 했다. 책 한 권이 완성되면 내가 그에게 읽어주었고 그가 고칠 곳을 고쳤다."

《마드나위》야말로 인류 역사상 가장 위대한 정신적 걸작품으로 평가받아 마땅하다. 그 속에는 지상에서 인간들이 빚어내는 온갖 종교적·문화적·정치적·성적·가정적 사건들이 집대성되어 있고, 거친 밑바닥 계층에서 세련된 상류층까지 인간의 모든 성품들이 망라되어 있으며, 자연계의 풍부하고 특수한 형태들에, 역사와 지리까지 모든 게 빠짐없이 들어 있다. 또한 그것은 세속의 욕망과 비천한 일에서 극도로 높은 형이상학과 우주적 깨달음에 이르기까지 인생의 수직적 차원을 모두 다루었다. 우리를 매혹시키는 것은 이 책에서 드러나는 완벽함과 충만함이다.

루미가 제공하는 지식을 제대로 받아들이기 위해서 우리가 알아야 할 것은 무엇일까? 무엇보다도 루미의 전통이 이른바 '동양적인' 전통이 아니라는 사실을 이해할 필요가 있다. 그것은 동양의 것도 아니요 서양의 것도 아니요 둘 사이에 있는 무엇이다. 루미가 사용한 모국어는, 히브리어의 영향을 받은 프랑스어처럼, 셈 계통(아랍계) 용어의 영향을 강하게 받은 인도-유럽계 페르시아어였다.

나아가서, 그의 모양을 틀잡아 준 이슬람 전통은, 영적 지식을 가지고 모든 인간들에게로 온 수많은 예언자들과 메신저들을 통해서 오직 한 종교만이 인류에게 주어졌다고 알고 있다. 하나님은 모든 생명의 미묘한 근원이시고 그분의 본질은 묘사될 수도 없고 다른 어떤 것으로 비교될 수도 없다. 그래도 그분은 이 세계와 인간의 중심에 나타나 있는 영적 질들qualities을 통해서 알려질 수 있는 분이시다. 그것은 아주 심오한 신비를 담은 전통이면서 다른 한편, 인간의 존엄성과 사회 정의를 분명하게 강조하는 전통이기도 하다.

이슬람은 히브리 예언자들과 함께 예수와 마리아를 존중하는, 유대-그리스도교적 또는 아브라함적 전통으로 이해되고 있다. 그러나 무슬림들은 인간에게 신성을 부여하는 것에 대하여 매우 민감한 반응을 보이고, 그것이야말로 그리스도교의 가장 중요한 실책이라고 생각한다. 비록 《코란》에서 예수를 "하나님의 영the Spirit of God"으로 부르기는 하지만, 어떤 한 인간을 하나님과 동일시하는 것은 명백한 신성모독인 것이다. 무함마드는 하나님 사랑의 메시지를 인류에게 전한 최후의 예언자로 인식된다.

루미가 살던 세계에서, 이슬람 생활 방식은 일반 대중에게도 매우 높은 영적 각성을 이루어놓았다. 보통 평범한 사람이라도 하루에 다섯 번 기도하고 최소한 일년에 한 달은 해가 떠 있는 동안 물도 마시지 않는 금식을 하고 끊임없이 하나님을 기억하며 진지하고 한결같고 너그럽게 살며 생명을 존중하였다. 《마드나위》가 우리에게 주는 매력은 여러 가지지만, 무엇보다도 우리에 견주어 훨씬 높은 영적 각성의 수준에서 출발하여 더없이 높은 깨달음의 수준까지 우리의 눈길을 끌어올리는 데 최고의 매력이 있다고 하겠다.

깨달음을 얻지 못한 인간의 상태는 물질에 대한 욕망과 거짓 자아의 노예가 되어 살아가는, '믿음 없음faithlessness'의 상태다. 루미가 이해한 바 영적 수련의 목표는 거짓 자아의 족쇄를 풀고 이슬람을 성취하는 것 또는 실재의 더 높은 질서에 기꺼이 복종하는 것이었다. 이 철저한 '복종' 없이는 참 자아가

계속 에고의 노예로 되어 에고의 상충하는 충동에 따른 내적 갈등을 겪어야 한다. 노예 상태인 에고는 실재를 인식하는 중요 기관인 가슴으로부터 단절되어 영적 안내를 받거나 가슴이 마련해 주는 영양소를 받을 수 없다.

이 노예 상태와 거짓된 분리를 극복하는 일은 우리의 참된 인간성을 실현하고 발전시키는 일에 곧장 연결된다. 영적 성숙이란 자아가 신성the Divine의 반영임을 깨달아 아는 것이다. 하나님은 사랑받으시는 분the Beloved 또는 친구이신 분이요 초인격적 실재이시다. 하나님의 사랑이, 당신을 사랑하는 자로 하여금 사랑받으시는 분의 사랑 안에서 자신을 망각하도록 이끄신다.

여섯 권으로 되어 있는 루미의 《마드나위》는 총 2만 5,632개의 연구聯句로 이루어졌다. 첫째 권 머리말에서 루미는 《마드나위》에 대하여 이렇게 말한다. 그것은 하나님에 대한 가장 위대한 학문이요 하나님께로 가는 가장 분명한 길이요 하나님에 대한 가장 명백한 증거인 종교의 뿌리의 뿌리의 뿌리의 뿌리다. 그것은 샘물과 큰 나뭇가지들이 있는 가슴의 낙원이요…… 거기서 의인들은 먹고 마시며 자유인들은 행복한 기쁨을 맛본다.

그리고 이집트의 나일강처럼 오래 참고 견딘 자들에게는 달콤한 생수를, 파라오와 믿음 없는 자들에게는 슬픈 탄식을 준다.…… 그것은 마음의 상처를 낫게 하는 약이요 슬픔을 닦아주는 수건이요 《코란》의 해설자요 온갖 좋은 선물의 풍요한 근원이요 성품의 순화제純化劑다. 하나님께서 그것을 살펴보시고 그것을 지켜주시기 때문이요, 하나님께서 최선의 안내자시요 자비로운 이들 가운데서도 가장 자비로우신 분이기 때문이다. 이렇게, 하나님의 자비가 누구보다도 필요한, 보잘것없는 종은 말한다."

—Kabir Helminski

샨티의 뿌리회원이 되어
'몸과 마음과 영혼의 평화를 위한 책'을 만들고 나누는 데
함께해 주신 분들께 깊이 감사드립니다.

뿌리회원(개인)

이슬, 이원태, 최은숙, 노을이, 김인식, 은비, 여랑, 윤석희, 하성주, 김명중, 산나무, 일부, 박은미, 정진용, 최미희, 최종규, 박태웅, 송숙희, 황안나, 최경실, 유재원, 홍윤경, 서화범, 이주영, 오수익, 문경보, 최종진, 여희숙, 조성환, 김영란, 풀꽃, 백수영, 황지숙, 박재신, 염진섭, 이현주, 이재길, 이춘복, 장완, 한명숙, 이세훈, 이종기, 현재연, 문소영, 유귀자, 윤홍용, 김종휘, 이성모, 보리, 문수경, 전장호, 이진, 최애영, 김진회, 백예인, 이강선, 박진규, 이욱현, 최훈동, 이상운, 이산옥, 김진선, 심재한, 안필현, 육성철, 신용우, 곽지희, 전수영, 기숙희, 김명철, 장미경, 정정희, 변숭식, 주중식, 이삼기, 홍성관, 이동현, 김혜영, 김진이, 추경희, 해다운, 서곤, 강서진, 이조완, 조영희, 이다겸, 이미경, 김우, 조금자, 김숭한, 주승동, 김옥남, 다사, 이영희

뿌리회원(단체/기업)

주)김정문알로에 환경재단 design Vita
사단법인 한국가족상담협회·한국가족상담센터 생각의느낌 소아청소년 성인 몸 마음 클리닉
PN풍년 경일신경과 | 내과의원

샨티는 만드는 사람과 읽는 사람이 직접 만나고 소통하기 위해 회원제도를 두었습니다. 회원제도에 대한 자세한 사항은 샨티 블로그 http://blog.naver.com/shantibooks를 참조하십시오.

회원이 아니더라도 이메일(shantibooks@naver.com)로 이름과 전화번호, 주소를 보내주시면 독자회원으로 등록되어 신간과 각종 행사 안내를 이메일로 받아보실 수 있습니다.

전화 : 02-3143-6360 팩스 : 02-6455-6367
이메일 : shantibooks@naver.com